Herbert Fritsche

Der große Holunderbaum

edition winterwork

Bibliografische Informationen der Deutschen Nationalbibliothek:
Die Deutsche Nationalbibliothek verzeichnet diese Publikation in der Deutschen Nationalbibliographie. Detaillierte bibliographische Daten sind im Internet über http://www.d-nb.de abrufbar.

Impressum

Herbert Fritsche, »**Der große Holunderbaum**«
Eine Einführung in die Esoterik
Herausgegeben von Werner Zachmann

www.winterwork.de

Satz: Werner Zachmann
Umschlag: Werner Zachmann
Druck und Bindung: winterwork Borsdorf

ISBN 978-3-86468-018-2

Hinweis:
Diese Neuausgabe des Großen Holunderbaums basiert auf der von Herbert Fritsche im Jahre 1956 überarbeiteten Fassung, wie sie 1964 im Osiris-Verlag veröffentlicht wurde.

Der 1982 im Burgdorf-Verlag erschienenen Ausgabe fehlen im Vergleich dazu die Kapitel *Wahrheit* und *Das Wagnis*. Dafür wurde als Ersatz das Kapitel 10 *Der Ketzer, und warum Gott ihn braucht* sowie das Kapitel 11 *Aus dem gnostischen Notizbuch des Merlin Maledictus* aufgenommen. Beide Beiträge der Burgdorfausgabe finden sich in dem Herbert Fritsche Einführungsband: *Das Wagnis, Mensch zu sein.* In dem Kapitel 12 *Meditationen und Gebete* hingegen sind sämtliche Beiträge aller 3 Ausgaben (1. Ausgabe 1939) mit aufgenommen worden.

Werner Zachmann

Anmerkung:

Die Schreibweise wurde geringfügig an die neue Rechtschreibung angepasst, insbesondere was ß und ss betrifft. Die Zusammen- und Getrennt- sowie die Groß- und Kleinschreibung wurde weitestgehend beibehalten und entspricht dem Original.

Herbert Fritsche

Der große Holunderbaum

Eine Einführung in die Esoterik

Neuauflage 2011
Herausgegeben von Werner Zachmann

edition winterwork

Wer die Grenzscheide überschritten hat, der ist ein Glied in einer Kette geworden, – einer Kette, gebildet aus unsichtbaren Händen, die einander niemehr loslassen bis ans Ende der Tage; er gehört hinfort einer Gemeinschaft an, in der jeder einzelne eine nur für ihn allein bestimmte Mission hat. –

Nicht sind auch nur zwei in ihr, die da einander gleich wären, so wie schon unter den Menschentieren der Erde nicht zwei sind, die dasselbe Schicksal hätten.

Der Geist dieser Gemeinschaft durchdringt unsere ganze Erde; er ist ihr jederzeit allgegenwärtig, er ist der Lebensgeist im großen Holunderbaum.

Gustav Meyrink
in *Der weiße Dominikaner*

Inhaltsverzeichnis

NOTWENDIGES VORWORT

Die Erstausgabe dieses Buches erschien 1938, mit dem im Buchhandel üblichen vordatierten Erscheinungstermin 1939. Verfasst wurde der Text 1937, also vor nahezu 20 Jahren. Es handelte sich mithin um ein Jugendwerk, wie es auch der damalige anspruchsvolle Untertitel bezeugt, der es nicht bei einer „Einführung in die Esoterik" beließ, sondern mit der Unverfrorenheit des Sechsundzwanzigjährigen eine „Einführung in die Verwirklichung der Wiedergeburt" hinzufügte, ohne dass ich errötete.

Inzwischen ist einiges Wasser des Acheron ins Meer gelaufen. Wenn ich heute, einer Anregung meines Freundes Erich Sopp folgend, eine Neuausgabe wage, so sei dem Leser versichert, dass bei dieser kein Stein auf dem andern geblieben ist.

Damals, vor rund zwei Jahrzehnten, war ich – und ich bin entschuldigt durch sogenannten Idealismus, den man um die Mitte der Zwanzig damals gern trug – mit mancherlei Verheißungen und mit mancherlei Gefahren noch unbekannt. Von den Verheißungen soll das Büchlein in seiner Neufassung gründlich handeln, von den Gefahren spricht sein – neu hinzugefügtes – erstes Kapitel. Die Maximal-Gefahr aller, ausnahmslos aller Esoterik (oder ihrer sich für Esoterik haltenden Zerrformen) ist der Pharisäismus. Er versperrt den Zugang zum Geiste, der da immer nur weht, wo e r will, aufs zuverlässigste. „Herr, ich danke dir, dass ich nicht bin wie jener" ist das heimliche Herzensgebet aller, die das (jeweilige und meist vermeintliche) Heil zu haben wähnen. Jedoch:

Nicht einer kann von den Geschaffenen allen,
nicht einer Gottes je versichert sein.
Nur wenn sie immer wieder aus ihm fallen,
dann fallen sie in sein Gesetz hinein.
Denn die ihn h a b e n , haben ihn mitnichten,
den fürchterlich geheimnisvollen Geist,
doch die ihn tief in sich zugrunderichten,
vielleicht sind sie es, die er an sich reißt...,

heißt es in einem Gedicht von *Manfred Hausmann*, einem der Wissenden unter den Dichtern unserer Tage.

Als ich 1937 den „Großen Holunderbaum" schrieb, galten mir die Dichter wenig und die Okkultisten viel. Heute weiß ich, dass es zahlreiche Okkultisten gibt, die steril sind oder – als Pfaffen ihrer Schau – machtgierig und mithin kümmerlich, dass aber zahlreiche Dichter als Nahverwandte der Sibyllen und Propheten okkult legitimiert das ihnen Aufgetragene Form und somit Wirklichkeit werden lassen in einem Range und Ausmaße, wie man es sich in Eleusis und Samothrake nicht großartiger wünschen konnte. Schließlich war ja auch der, der den Titel meines Buches hergab – *Gustav Meyrink*, mein erster und unvergesslicher Lehrer im esoterischen Bereich – ein Dichter.

Seit der Erstfassung wurden mannigfache Motive meinem Leben einverwoben, die nicht ohne Wirkung auf die Gestaltung der Neufassung bleiben konnten. Die Schicksalsbegegnung mit *Peryt Shou* ereignete sich, der Tod meines esoterischen Lehrmeisters *Dr. Friedrich Schwab* gab mich frei ins schulende Schicksal hinein (was er mir vorausverkündigt hatte), ich lernte erkennen, dass das Instrumentelle zwar wichtig, aber nur instrumentell ist, und dass es die Gefahr mit sich bringt, für wesentlich gehalten zu werden. Viele, die sich aufmachten, sah ich in ein bisschen Yoga oder gar in ein bisschen Bescheidwissen hineinscheitern –: und fraglos wird der Esoterik durch nichts gründlicher geschadet als durch das Heer derer, die Atemübungen mit dem Hochziel der Freiheit oder Belesenheit mit Einweihung verwechseln. Ich will hier den Leser nicht mit den anthropologischen Voraussetzungen echter Esoterik aufhalten. Wenn er weiß, dass der Mensch grundsätzlich der ins Wagnis Gesandte ist, dass ihm selbst das Scheitern weniger schadet als das vermeintliche Abgesichertsein, dass Gott nicht Sucher metaphysischer Notausgänge will, sondern Vollender des Menschseins vom Sinnlichen bis ins Übersinnliche, dann weiß er das Notwendige. *Rudolf Steiner*, dessen System weitgehend in eigener Sache geschaffen wurde und – speziell, was die weibliche Schar seiner Anhänger betrifft – auch prompt funktioniert, rät bereits auf den ersten Seiten seines Buches *Wie erlangt man Erkenntnisse höherer Welten*, allem Geistlehrertum mit Devotion zu begegnen, mit respektvoller Verehrung. Ich rate das Gegenteil. Wo immer Seher, Adepten, Medien, Rasputins und Mahatmas von sich reden machen, da sei man skeptisch bis zum äußersten! Fast alle – denn wirkliche Meister machen nicht oder nur ungern von sich reden – wollen eine Nachfolgerschaft, die sie in Fesseln schlagen. Die Freiheit aber ist dasjenige Gut, das der Mensch so teuer wie nur möglich verkaufen soll: nur um einen einzigen Preis, den n o c h g r ö ß e r e r Freiheit. Denn da Gott den Menschen – im Gegensatz zu allen übrigen Kreaturen – auf Freiheit anlegte, dient nur das der wahren Menschwerdung und damit den Gotteszielen, was die Freiheit steigert. Zunahme des Freiseins ist das Kriterium jeder Esoterik.

Wer hier Freiheit verwechselt mit einem Sichverhaltendürfen nach Belieben, mit einem Versklavtbleiben seiner Diktatur der Augenblicke und Diktatur der Eigentendenzen seiner „Vehikel" (Körper, Seele, Geist), – der ist für Esoterik konstitutionell unbegabt und halte sich, falls ihn dennoch ein dunkler Drang ins Okkulte steuert, an die Traktätchen, die – gutgemeint und schädlich – gerade auf diesem Gebiet von zahlreichen Autoren und Autorinnen Jahr um Jahr abgesondert werden. Der Verfasser kann sich nicht davon freisprechen, in seinen Jugendjahren ebenfalls diesem traurigen Sport gehuldigt zu haben.

Der G r o ß e H o l u n d e r b a u m entstand von Inspirationen her, die mir zuflossen durch Gustav Meyrink und das, was hinter und über ihm waltete. Auch die Neufassung ist Gustav Meyrink verpflichtet, stärker sogar als die Erstfassung. Sie reicht jedoch – ins Freie hinein – über das hinaus, was Meyrink realisieren konnte: und vor manchem, was er fürchtete, hat der (konstitutionell zur Furcht neigende) Verfasser keine Furcht.

Es erfüllt mich mit besonderer Freude beim Formen der Neufassung, dass ich das kleine Buch im Sanatorium meines väterlichen Freundes, Generaloberarzt a.D. *Dr. med. Otto Buchinger*, schreiben darf, mit dem mich 19 Jahre schicksalsschwerer Freundschaft verbinden und verbünden – und von dem das Wort stammt: „Unsere Führung im karmischen Koordinaten-System ist immer uranotrop.“

Überlingen/Bodensee, den 28. Juli 1956
Dr. Herbert Fritsche

*

I.

PRODUKTIVE TOLERANZ. HINSICHTLICH DER WEGE.

Als mir vor einem Vierteljahrhundert Gustav Meyrink einmal mitteilte, das Schlimmste sei für den, der sich ge- oder gar berufen fühlt zur Esoterik hin, eine falsche Vorstellung von Gott –, da schien mir, dem noch weithin Unerfahrenen, eine derart massive Warnung überspitzt zu sein. Sah ich doch – und noch heute sehe ich es nicht anders –, dass es allenthalben besser und fruchtbarer ist, wenn ein Mensch beim Bestreben, das Unfassliche zu fassen, irgendwo anfängt und die Intentionen und Exerzitien getreulich realisiert, als dass er vor lauter Erwägungen und Bedenken gar nicht erst dazu kommt, Schritte zu tun. Die Erfahrung zeigte und zeigt mir, wie relativ unwichtig es ist, wo jemand seinen Anruf empfängt und auf welche Weise; wichtig hingegen bleibt, dass dieser Anruf ihn zu Verwirklichungen anspornt: „Tun, tun muss es sein, oder es gilt nicht!", sagt *Jakob Böhme.*

Jeder, der sich aufmacht und dem Esoterik zum Motiv – oder, wie es dann schließlich sein muss im Falle wirklichen Berufenseins, zum Zentralmotiv seines Lebens wird, setzt da ein, wo seine Sehnsucht die erste Nahrung, wo sein Wille zum Wandern die erste Landkarte und Unterweisung empfängt. Auch die dümmsten Verkünder, die kümmerlichsten Erlösungssekten sind nun einmal – im Schicksalsgange des einzelnen – oft genug ausersehen, ihm erste Bekanntschaft mit tieferer Wirklichkeit zu vermitteln; und wenn der davon Ergriffene, der ja, besonders in jungen Jahren, gern zur Schwärmerei neigt, seine eigene Sehnsucht und den Widerschein seiner Ziele in das Schrift- und Brauchtum der jeweils ihm bekanntgewordenen Zirkel oder sonstigen Organisationen projiziert, so wirkt das auf Außenstehende, als sei er dem Fanatismus oder dem Apostolat spiritueller Kleinbürger verfallen. In Wirklichkeit hingegen sind für den, der größeres Format mitbringt als ein durch Mitgliedskarten, Diplome oder Geheimniskrämerei zu befriedigendes, solche Erstbegegnungen mit der Esoterik oder mit dem, was sich für Esoterik hält, nicht nur unschädlich, sondern nützlich und notwendig. Die Enge der dort als Weite propagierten Anschauungen, die Schiefheit der Lehren und, oft genug, das bauernschlaue Vortäuschen von „Einweihungen" werden dem, der zunächst fasziniert wurde, alsbald durchschaubar – und er geht dann weiter. Es ist wie beim Geigenunterricht, den ein musikalisch latent Genialer, der aus amusischem Milieu stammt, zuerst beim primitiven Geigenlehrer der Nachbarschaft zu nehmen pflegt, dann aber – nachdem er gelernt hat, was dort zu lernen war – weitergeht zu Lehrern höheren Ranges und zuletzt sich selbst übend und zielbewusst ins Meisterliche steigert. Bei solchem Weg ist der erste, vielleicht qualitativ mehr als erträglich dürftige Lehrer dennoch eine wichtige Gestalt, da er dem Schüler die unabdingbar notwendigen Dinge – Haltung, Fingersetzung, Bogenführung, Notenkenntnis usw. – beibrachte. Auch ein Lehrer, der nur solches und sonst lediglich Unerhebliches oder gar Kitsch und (was schlimmer ist:) Konventionelles zur Verfügung hat, meint ja, indem er musiziert und Musikunterricht gibt, grundsätzlich dieselbe musische Wirklichkeit, in der sich auch Bach, Beethoven und Kurt Weill, jeder auf seine Weise, aufklingen ließen.

Analog geht es in der Esoterik zu. Auch dort sind Grund-Exerzitien unumgänglich, auch dort wird – selbst von den missglücktesten Bewegungen und Persönlichkeiten her – dieselbe Wirklichkeit gemeint (freilich nicht gemeistert und oft nicht einmal gekannt), in der *Lao-Tse, Apollonius von Thyana* und *Eliphas Levi* lebten und wirkten. Und da die Grund-Exerzitien und Grundkenntnisse, um die kein Strebender herumkommt, in den Besitz von Lehrern und Lehrsystemen geringen Ranges einfach dadurch gekommen sind, dass kräftige Anleihen bei den Indern, bei den Gnostikern, bei den Theosophen alten und neuen Gepräges usw. gemacht wurden, empfängt der Schüler zumeist Förderliches und Solides. Wer von da her dann später nicht weiterkommt – zur Freiheit hin, die gottgewollt ist, weil Gott die Freiheit ist und nicht etwa ein Kerkermeister oder ein Inquisitor –, der bleibt lebenslänglich ein Schwärmer in der Bannmeile seiner Sekte: das ist zwar kein Resultat, auf das man stolz sein dürfte – weder vom Lehrer noch vom Schüler her –, aber immer noch besser als ein Mitwirken beim Klassen-, Rassen-, Kassen- oder Massenkampf oder beim Absitzen derjenigen zahllosen Stammtischrunden, die auch dann zum Ritual des Mitteleuropäers durchschnittlichen Gepräges gehören, wenn sie sich als Konferenzen oder Kongresse tarnen. Mir schien und scheint, von einer wirklichkeitsgerechten Beobachtung und Bewertung der esoterischen „Geburtshilfe"-Situationen her, die Gefahr recht klein zu sein, dass der Strebende „falsch" beginnt, weil sich der Weg des Berufenen allmählich, Schritt um Schritt, von selbst (und von seinem Selbst her) zu korrigieren pflegt. Und da es ja keine Esoterik gibt und geben kann, die nicht letztlich – auch in ihren Zerr- und Kümmerformen – Gott oder die Götter oder, je nach Ausdrucksweise, das Nichts zur Mitte hat, schien mir die „falsche Gottesvorstellung", vor der *Gustav Meyrink* als vor dem „Schlimmsten" warnte, gar keine Gefahr überhaupt zu sein: schließlich beginnt ja bei uns im Abendland das Kind damit, sich Gott als lieben alten Herrn vorzustellen, einige Jahre später wird Gott dann meist als orientalischer Tyrann missverstanden, der, nach Gesetz oder Laune, seine Befehlsempfänger oder seine Günstlinge bzw. seine Sündenböcke verschwenderisch belohnt und vor allem auf die denkbar raffinierteste Weise bestraft, wobei er so gründlich vorgeht, dass er angeblich die ihm Missliebigen endlos foltert („ewige Höllenpein", deren Vollstreckung man ernstlich einer Wesenheit zutraut, von der man im selben Atemzuge sagt, sie sei die Liebe). Gelangt der heranwachsende Mensch über eben jene Gottesvorstellung hinaus – über die die Theologie als Lehrfach vielfach nicht hinausgelangt, aber Theologie verhält sich zur Esoterik in vielen Fällen wie die Gehirn-Anatomie zur Menschenseele –, so durchläuft er meist ein Stadium des Aufgeklärtseins, auf das er als vermeintlich dieserhalb freier Geist so stolz ist wie ein orthodoxer Kirchgänger auf das Funktionieren seiner postmortal amortisierbaren Lebensversicherung. Erst ganz allmählich überschreitet der Heranwachsende die Grenzen, die er sich selbst – unter Mitwirkung von Vererbung, Elternhaus, Theologie und Aufklärung – halbbewusst zog oder bewusst ziehen ließ. Wer auf diesem – ich betone: durchaus typischen – Wege allmählich oder gar, was Begnadeten widerfahren kann, sehr plötzlich in echte und lebendige Beziehung zur Überwelt gerät, dem hat, schaut er zurück, die vordem „falsche“ Gottesvorstellung nicht geschadet. Sein eigenes Erfahren, sein Ergriffenwerden „richten“ von da an das ehedem ungenügende Bild („richten“, indem dadurch ein Urteil gefällt wird, aber auch, dem Doppelsinn des Wortes getreu, indem eine „Richtung“ zustandekommt, ein Zielklarsein und ein Angezogenwerden): Gott wird frei in der Seele des sich selbst Erweiternden – wobei hier an dieser Stelle nicht erörtert werden soll und kann, inwieweit der Mensch befähigt ist, Gott in seiner Wahrheit zu erleben, und inwieweit umgekehrt Gott es sein muss, der durch seine im einzelnen Menschen wachsende oder dessen Wesensgefüge gar mit Blitz und Donner aufsprengende Willkür das Gotteserlebnis erst herbeiführt.

Auf jeden Fall kann der ein wenig Belesene bereits – sogar ohne eigene theosophische Erfahrung – konstatieren, wie ungemein verschiedenartig die Ergriffenen, Verwandelten, im höchsten und tiefsten Sinne Wissenden ihr – sukzessives oder katastrophales – Erleben und Erkennen des Heiligsten darstellten:

Pascal spricht, in geradezu polemischem Gegensatz zum „Gott der Philosophen“, vom lebendigen Gott Abrahams, Isaaks und Jakobs.

Jakob Böhme spricht vom Nichts, was außer ihm noch zahlreiche andere Mystiker (in allen Hochreligionen) taten und tun; dass hier vom Nichts als von der unfassbaren Potenzenfülle gesprochen wird, vom A-Kosmischen, vom jenseits aller Offenbarung und Offenbarbarkeit nichtseiend Seienden, keineswegs aber vom Nichts im Sinne des Sprachgebrauchs der Natur- und Geisteswissenschaftler, braucht kaum betont zu werden.

Der *Buddha Gautama* ging so weit, dass er für die Erlangung des Letzten, für das Nirvana, prinzipiell eine areligiöse Gerichtetheit seiner Schüler forderte: Götter hatte der Buddha in Überfülle erfahren, kein Pantheon ist reicher an Göttern als das indische, er hatte auch erfahren, dass diese Götter nicht etwa lediglich Seelenauswurf der erlösungsgierigen Menschheit sind (wie die neuere Psychologie des Abendlandes das wähnt), sondern Götter im wirklich-wirkendsten Sinne. Auch wusste er, vom erarbeiteten Erlebnis her, dass die Götter, ungeachtet ihrer göttlichen Wirkenswirklichkeit, auf ebenso geheimnisvolle Weise Eins sind – und damit der letzten Einheit untertan – wie die Kosmen und Kreaturen. Nur richtete er seine Lehre weder auf die Götter noch auf die hohe geheime Einheit – in die erhoben zu werden das Ziel der indischen Religion seit je war und nach wie vor ist –, sondern forderte von seinen Schülern eine polytheistisch-areligiöse Haltung und Zielsetzung. Auch das gibt es also im Hinblick auf das Letzte und Lichteste – und wenn auch die Lehre des *Buddha Gautama* (der klassische Hinayana-Buddhismus) weithin verwandelt und verdrängt wurde durch den kultischen, sich mit Erlösern einlassenden Mahayana- und den magischen Vajrayana-Buddhismus, so zeugt sie dennoch, was Wert und Wichtigkeit betrifft, von der Erlösung durch eine erlösungsverbürgende Wirklichkeit („verbürgend" nur für den, der den Anweisungen des Buddha getreu folgt und mit einer Geduld, die gegebenenfalls durch zahlreiche Erdenleben hindurch nicht erlahmen darf).

Wo der Buddha areligiös ist, als Polytheist, aber die Götter sind ihm so unerwünscht wie die Welten –, da sucht und findet der Chassid, der auf unorthodoxe Weise Fromme des späten Judentums, Gott im Umgang mit allen Details der Welt: in all und jedem, was es gibt und was geschieht, wohnt, realpräsent, ein Funke Schechinah, ein Funke in Hüllschalen verbannter Gottesglorie. Durch eine besondere Art des heiligen Dienstes – wie sie uns vertraut gemacht wird durch *Martin Bubers* dem Chassidismus gewidmete Werke – lässt der Chassid es sich angelegen sein, um die Transparentwerdung jeder Hüllschale für den Schechinah-Funken zu ringen. Dabei betrachtet er dasjenige als ihm von Gott zugewiesen, womit das Schicksal und der Alltag ihn umgeben: dies und nichts anderes sind die – pansakramental – zu weihenden Dinge und Kreaturen. Ein Herausnehmen geweihter Substanzen – Brot und Wein etwa – aus der Allfülle des Dargebotenen wäre für ihn sündhaft („Das Wort der Sünde ist Beschränkung", heißt es im „Liber Al vel Legis", das *Aleister Crowley* niederschrieb), weil es, um mit *Martin Buber* zu sprechen, nicht geweihte und profane Substanzen geben darf, sondern nur bereits geweihte und noch zu weihende. Welche Inbrunst der Gottbegegnungen sich beim heiligen Dienst der Chassidim ereignet, kann man aus den zahlreichen chassidischen Erzählungen erfahren, die zum Unmittelbarsten und Echtesten der Gottestradition auf Erden gehören.

Die Beispiele für die Verschiedenartigkeit der menschlichen Bezeugungen großen, entscheidenden Begegnens mit dem Letztinstanzlichen ließen sich mannigfach vermehren. Wo für den einen der Dornbusch brennt und die Stimme tönt, ist für den andern das stumme Verschwinden ins Nichts die Stunde, die ihm Offenbarung und Erlösung spendet. Wo für *Pythagoras*, den Ordensstifter im Banne der Mysterien, Klarheit und Überblickbarkeit des Ausgesagten als Kriterium echter Gottesbegegnung galten, ist für den Zen-Meister die Paradoxie nicht nur, sondern sogar die offenkundige Unsinnigkeit der Aussage oder Handlung ein Mittel, blitzartiges Erwachen, Initiation also, bei seinen Schülern hervorzurufen. Während bestimmte Heilige, z.B. *Theresia von Avila*, als Reaktion auf Gottessehnsucht und Gotteserlebnis Selbstquälerei praktizierten – der Heilige, wie ihn das christliche Mittelalter sah und wie ihn auch unsere Zeit noch nicht aus dem Blickfeld verloren hat, ist ja oft ein seelischer Selbstverstümmler –, ist Freude auch im Irdischen für andere Gottergriffene der Dank, den sie dem Herrn, dem Enthüller, dem Füllespendenden schulden und darbringen. Wer wollte wohl zweifeln, dass ein schweigendes Meeting der Quäker – in der wundervoll echten Frühzeit des Quäkertums – wirkliche Gottnähe herbeiführte und bezeugte: kahler Raum, stumme Menschen auf schmucklosen Bänken, amusisch und dennoch, was Caritas betrifft, weltoffen. Wer wollte andererseits zweifeln, dass auch ein mit überschwänglichem Kultus prunkvoll zelebriertes Hochamt in Rom die Nähe Gottes bezeugen kann! Der heilige Franziskus verstand sich auf die Sprache der Vögel ganz wie der jüdische König Salomo oder der germanische Eingeweihte Siegfried, nur dass die Initiation des einen von einer seraphischen Vision ausging, die des andern von souverän gemeisterter Sakral-Magie (der Tempel Salomonis bleibt für alle Zeiten die Grundlage der Logen-Arbeit) und die des dritten von einem Bad im Drachenblut.

Wenn man in Kenntnis und Erkenntnis solcher Mannigfaltigkeit des Gott-Erlebens und der Antworten, die der Mensch auf die Nähe seines Gottes oder seiner Götter gibt, tolerant geworden ist – und wer eine derartige Toleranz nicht mitbringt oder erwirbt, dem fehlt ganz einfach das metaphysische Talent sowie der Charme, der im Raume der Religio zwar unpopulär, aber überaus wohltuend ist –, muss man freilich die Toleranz wiederum differenzieren und prüfen. „Was fruchtbar ist, allein ist wahr!" Es gibt eine unfruchtbare Toleranz, die lediglich Ausdruck der Gleichgültigkeit gegen die Wahrheit ist und deren man sich nicht rühmen sollte. Ferner gibt es eine sentimentale Toleranz, die auch das Beil des Raubmörders noch toleriert, weil dem Manne dieses sein Werkzeug des Broterwerbs offensichtlich lieb und wertvoll ist: das Beispiel ist keineswegs karikiert gewählt, denn auch bei Eroberungskriegen war die Majorität der Religiösen stets bereit, aus sentimentaler Toleranz sowohl Ja als auch insbesondere Amen zu sagen. Dass sich die Fremdwörter-Prägung „sentimentale Toleranz" sinngemäß in mein geliebtes Deutsch übertragen lässt und dann „gefährliche Dummheit" heißen darf, *trifft* zwar die Art Toleranz, aber veredelt sie nicht.

Der unfruchtbaren und der sentimentalen Toleranz steht die produktive Toleranz gegenüber. Hat sich *Gustav Meyrink* mit seiner Mitteilung, das Schlimmste sei eine falsche Gottesvorstellung, gegen diese produktive Toleranz versündigt? Nein! Er nahm das Wort Gottesvorstellung wortwörtlich und meinte den Gott, den man vor sich hinstellt als das Ziel, zu dem man – in der Esoterik – strebt. „Wer vom Ziel nicht weiß, kann den Weg nicht haben", sagt *Christian Morgenstern* mit Recht. Wie wir sahen, ist die Aussage Gottergriffener über Gott nicht nur in den Religionen verschieden, sondern – ich rede von Gottergriffenen, nicht von einem mehr oder minder orthodoxen Kollektiv – sogar von Fall zu Fall im individuellsten Sinne. „Gott schafft Originale", sagt *Otto Buchinger* in seinem Spruchbuch „Unterwegs": und jedem seiner Originale offenbart sich das Göttliche denn auch auf eine individualspezifische Weise. *Kierkegaard* lehrte, man habe die Bibel als Gottes Liebesbrief an den einzelnen aufzufassen und hinzunehmen: selbstverständlich liest der einzelne das jeweils ihn Be-Treffende aus dem Liebesbrief heraus. Und Gott ist viel zu reich, als dass es möglich wäre, ihn uniform zu schauen und ihm auf eine genormte Weise zu begegnen. Dafür ist ein besonders ergreifendes Beispiel der fromme und zugleich extrem aufrichtige *Joseph Wittig*, der sein Lebens-Ergebnis jahrzehntelangen Umgangs mit Gott in seinem späten Bekenntnisbuch „Die Brauttruhe Gottes“ niederlegte, dem törichterweise der Verleger den unpassenden Titel „Roman mit Gott“ gab (Ehrenfried Klotz Verlag, Stuttgart, 1950). *Wittig* suchte und fand „Gott in der Richtung zum Kleinsten“, er spricht vom „Milligramm Gott“ – und im Ausklang seines Buches heißt es: „Kein ferner, kein philosophischer Gott kann uns mehr bedrohen, Gott als hauchdünnes Blättlein Brot, vom Winde verwehbar, ist unser Gott, in unserem Fleisch und Blut wirksam.“ Wie wenig *Wittig* das nur bildlich meint, wie ernst es ihm mit diesem seinem Gott-Erlebnis ist, muss in dem prächtigen Buche nachgelesen werden. Wer demgegenüber einwendet, Gott sei ja doch die Macht, die Fülle, die Größe – der „Tausendpfünder“, wie *Wittig* das nennt –, der ist freilich ebenfalls im Recht (und im Unrecht zugleich): *Wittig* musste auf seine Weise zu seinem Gott und kam dabei – nebenher – zu seinen Lebensresultaten. Die Tatsache, dass *Wittig* zunächst eine „falsche Vorstellung von Gott“ hatte, die des „Ens a se“, des scholastisch aufgezwungenen Begriffs, hat ihm schwer zu schaffen gemacht und seinem Leben viel Wirrnis auferlegt –: die selbstverständlich, vom Ziel her gesehen, zur heilsamen Wirrnis wurde.

Meyrink meint, wenn er die (jeweils für den jeweiligen einzelnen) falsche Vorstellung von Gott als das Schlimmste bezeichnet auf dem esoterischen Pfade, alles andere als etwa eine Orthodoxie, die nun etwa „wisse“ oder gar „habe“, was Gott wirklich sei, und von deren Richtigkeit her man abweichende Vorstellungen als falsch abtun oder bekämpfen könne. Da *Meyrink* ein magischer Mensch war, wusste er, dass Realisierungen nur auf echte und tragende Weise zustandekommen, wenn sie zielklar angegangen werden. Man muss sich von Gott anschauen lassen – mit dem Blick, den er für den einzelnen hat –, um zu erfahren, auf welche Weise einen Gott anschaut und unter welchem Aspekt man ihn alsdann zu meinen und zu minnen hat.

Das ist es, was man sich vor-stellt. Unterlässt man diese allererste Übung, nämlich sich angeschaut zu wissen als das Original, das Gott auf eine jeweils eigentümliche Weise geschaffen hat und betrachtet, so gerät man in den Sog fremder Vor-Stellungen Gottes, man gerät ins

Kollektive, wogegen gar nichts zu sagen ist, es sei denn, man fühle sich gerufen zur Esoterik hin.

Die Esoterik ist der fördersame Umgang mit dem Geheimen. Das Geheimste jedoch, das Intimste ist jedem Esoteriker gegeben und aufgegeben mit dem Mysterium seiner unaustauschbaren Individualität und mit dem höheren Geheimnis, was Gott mit ebendieser Unaustauschbarkeit meinte und wohin er sie, als die wirkende Macht, die das individuelle Werdeziel setzt, im entelechalen Sog bewegen will.

Mithin kommt *Meyrinks* Aussage, das Schlimmste sei eine falsche Vorstellung von Gott – wenn man sie als magische Unterweisung versteht – der positiven Toleranz durchaus entgegen, ja fordert und fördert sie. Und wenn am Beginn aller Esoterik stets ein Stadium schöpferischer Einsamkeit steht, so dient dies vor allem der Findung des „persönlichen Gottes", welches Wort hier nun seinen fruchtbaren Doppelsinn bekommt: inwieweit einer Gott als Persönlichkeit erlebt oder als das Nichts oder als den Ungrund oder wie auch immer, lässt sich nicht vorschreiben –: aber dass er ihn auf eine persönliche Weise erleben muss, ist esoterisch unabdingbar, weil dieses Erleben erst ihm das Ziel zeigt, das in seinem Falle buchstäblich „gottwohlgefällig" ist. Wird – zumindest und zunächst unter Esoterikern – diese Vor-Stellung des persönlichen Gottes respektiert, so entfällt dadurch alles Glaubensgezänke, welches ja für die Exoterik so ungemein, ja so gemein charakteristisch ist.

Positive Toleranz ergibt sich daraus, dass man eine falsche Gottesvorstellung als das Schlimmste im Bereich der Esoterik erkennt, was einem passieren kann – und ohne positive Toleranz wiederum ist Esoterik nicht möglich. Nicht „das Dogma von der Unerheblichkeit der Wahrheit" ist die Toleranz (wie es ein orthodoxer englischer Philosoph einmal ähnlich formulierte), sondern sie ist das Dogma von der Erheblichkeit der Tatsache, dass Gott jeden einzelnen unter den Erwachenden und Erwachten auf besondere Weise zu besonderen Verwirklichungen aufruft.

Deshalb *kann* es für den, der zum Esoterischen strebt, sogar zunächst nützlicher sein, gar keine konkrete Vorstellung von Gott zu haben und das Geheimnis einstweilen im fruchtbaren Dämmer zu belassen – um sich ihm dann, in Einsamkeit, wachsam aufzutun –, als vorschnell Fremdgut zu übernehmen.

> Gott spricht zu jedem nur, eh er ihn macht.
> Dann geht er hinaus mit ihm in die Nacht.
>
> *(Rilke)*

„Gemacht" wird der Esoteriker, nachdem Gott zu ihm gesprochen hat – und in die Nacht geht er mit ihm alsdann, weil das Gelände, das es zu erschließen und aufzuhellen gilt, zunächst dunkel vor dem Strebenden liegt. Swedenborg betont deshalb, dass der bekannte Genesis-Satz: „So ward aus Abend und Morgen ein neuer Tag" – der sich auf die schrittweise Wiedergeburt des Menschen bezieht – mit dem Abend beginnt, mit dem Morgen aber abschließt. Der Morgen ist kein Anfang, sondern ein Resultat esoterischer Verwirklichungen. Deshalb hieß auch der Orden, dem *Gustav Meyrink* sich tief verpflichtet fühlte und dessen Nennung eine der wichtigsten Stellen in seinem „Golem" ist – er gibt den Namen in einem miserabel transkribierten Hebräisch wieder – „Bruderschaft vom Samen des Morgenlichts."

*

II.

DAS AUFLEUCHTEN

Es ist lange her, dass man das Wort „Philosophie“ guten Gewissens mit „Liebe zur Weisheit“ verdeutschen durfte. Philosoph sein, das bedeutet heute gar zu oft, das Unverbindliche kultivieren, Systembildnerei betreiben oder „vor sich hin denkeln“. Ich vergesse in diesem Zusammenhang nie die Worte meines Freundes *Gerhard Nebel,* die er einmal anlässlich eines gemeinsamen Besuches mit *Ernst Klett* und mir bei *Helmuth Thielicke*, dem Hamburger (damals Tübinger) Theologen, sagte und die ungefähr lauteten:

„Von den vier Fakultäten haben drei außerordentlich wichtige Aufgaben. Die Theologie beschäftigt sich mit der Frage nach der Seligkeit oder deren Verfehlung; die Medizin erforscht, ob man als Kranker sterben muss oder gerettet werden kann; die Jurisprudenz erörtert, ob man verurteilt oder freigesprochen wird – – aber die Philosophie: vollkommen gleichgültig!“

Selbstverständlich gilt das mit Ausnahmen, sogar in der Gegenwart. *Hermann Keyserling, Hans Blüher, Martin Buber, Leopold Ziegler* – um nur wenige Namen zu nennen – zählen zwar zu den Philosophen, sind aber Lebensförderer und Geistverwirklicher hohen Ranges. Generell jedoch darf man sagen, dass heute die Philosophie nicht mehr mitrechnet bei der Gestaltung des Lebens und erst recht nicht bei der Suche nach höherer und tieferer Wirklichkeit. Naturwissenschaft, enthemmte Auswertung ihrer Resultate bis zur Testpest der modernen Psychologie und zu den Schrecknissen des Atomzeitalters einerseits – religiöse Praxis, fieberhaftes Jenseitssuchen andererseits, auch ästhetisch oder ethisch akzentuierte Vermittlungsversuche zwischen beiden Weltbildern, ja, das gibt‘s. Jedoch Philosophie? Eine Reaktion gegen sie ist – nicht theoretisch, denn das wäre ebenfalls nur „Philosophie“, sondern von der Praxis her und zu ihr hin – im Gange, die herzerfrischend wirkt.

Wenn ich als ein solcher Reaktionär, als Rückschrittler zum Urquell und zugleich als Fortschrittler zu weit vorausliegenden Zielen hin, das

Wort zu ergreifen wage, so um der zahlreichen Durstenden und Verdurstenden willen, die ohne Wasser des Lebens nicht weiterleben können und wollen – und denen ich mich zuzähle. Die Tatsache, dass der Mensch, auf sehr geheimnisvolle Weise, dort wurzelt, wo er wipfelt und dort wipfelt, wo er wurzelt, gibt uns ein gutes Gewissen, wenn wir die Versuche von Zwischenlösungen, die uns die Philosophen alljährlich vorlegen, links liegen lassen. *August Strindberg* stellte – mit dem Hang zur Vereinfachung, der seine Schwäche und Stärke zugleich war – fest, Kants Lebenswerk bedeute die Bankrotterklärung der Philosophie; die Quintessenz daraus lasse sich ungefähr formulieren: „Wir Philosophen schaffen es nicht, also lasst uns *glauben und hoffen.*"

Esoterik, der hohe und heimliche Weg zum Erkenntnis-Erleben, der sich verborgen durch alle Zeiten und Zonen zieht, nimmt das Glauben und Hoffen in ganz anderer Weise ernst, als es dem Sprachgebrauch und der üblichen Lebensweise entspricht. Zwar betonen die Religionen immer wieder einmal gern, mit „Glauben" sei kein bloßes „Fürwahrhalten" von Lehren gemeint: jedoch praktisch läuft es doch immer wieder darauf hinaus. Ein Beispiel ist das neue Marien-Dogma aus dem Jahre 1950 – das freilich auch seine esoterische Seite hat –, das den Gläubigen aber im Sinne des Fürwahrhaltens auferlegt wird. Nicht der, wenn man so will: okkulte Tatbestand, der der Inhalt des Dogmas ist, macht seine Akzeptierung schwierig. „Es gibt nichts, was es nicht gibt", das wird jeder bestätigen können, der einige Erfahrung in der Welt der Mirakel – und im Mirakel der Welt – sammeln durfte. Schwierig ist einzig, dass das Fürwahrhalten oder Nichtfürwahrhalten des Inhalts dieses Dogmas bis zum Tage seiner Verkündigung ex cathedra gleichgültig war für das Seelenheil des Gläubigen, dass darnach aber plötzlich heilswichtig sein soll, dem Inhalt des Dogmas zuzustimmen. Wer hier nicht sieht, dass es eben *doch* um ein Fürwahrhalten von (angeblich oder tatsächlich) historischen Tatsachen geht, der leidet an einer Blickfeldeinengung, die ihn für die Esoterik unbrauchbar macht.

Das Glauben, wie der Esoteriker es anstrebt und zu erzielen sucht, ist ein Geloben, ein Sichangeloben dem Ziel, zu dem er strebt oder zu dem er hingestrebt wird, nicht aber eine Zustimmung zu Inhalten. Daher kommt auch meist Verschrobenes oder die unfruchtbare Arroganz zustande, die für bestimmte geheimwissenschaftliche Organisationen charakteristisch ist, wenn bloße Inhalte – Textbücher, Vortragsmitteilungen u. dgl. – im Mittelpunkt einer Geheimwissenschaft stehen. Freilich gibt es okkulte Tatsachen, die gleichsam Gegenstand einer verlängerten Naturwissenschaft sind – ich erinnere nur an die Kenntnis der feineren Leiblichkeit, wie die indischen Yogis oder die Gnostiker oder *Paracelsus* sie erwarben und lehrten –, und kein Esoteriker kann auf deren Kenntnis verzichten. Nur dass diese Kenntnis nicht dazu dient, „gehabt" zu werden, sondern dass sie im unmittelbaren Dienste der Verwirklichung steht: ähnlich wie, auf anderer Ebene, ein Arzt oder ein Gymnastiklehrer seine Kenntnisse nicht um irgendwelcher Gelehrsamkeit willen erwirbt, sondern um seine Therapie oder Bewegungskunst zu ermöglichen und möglichst zu vollenden.

Im selben Sinne, wie das Glauben für den Esoteriker ein Geloben ist – eine Anjochung an ein Ziel (Yoga = Jochverbindung) –, ist das Hoffen für ihn nicht ein Sichverlassen auf Zusicherungen, sondern das Betätigen einer Kraft, das Sicheinschalten in den entelechalen Sog.

In Deutschland sind esoterische Persönlichkeiten von Rang stets – merklich oder unmerklich – rege am Werk gewesen. Dass hier wie überall die verborgenen Meister eben *verborgene* Meister waren oder sind, soll nur erwähnt werden. Unsere Gegenwart aber ist geradezu durchflutet vom Geist und Leben jener, die durch ihr Wirken mehr oder minder öffentlich bekannt wurden. Die Paracelsus-Renaissance, die gegen Anfang der zwanziger Jahre unseres Jahrhunderts einsetzte, war zunächst eine medizingeschichtliche, also recht unfruchtbare Angelegenheit; inzwischen ist der Theosoph, Magus, Ritter der „freien Liberalität" und Alchymist *Paracelsus* immer deutlicher geworden: „ohn den Leib" richtet er, wie er es voraussagte. Sein Zeitgenosse *Agrippa von Nettesheim* bleibt zwar – mit seinem Kompendium der Magie – weniger bekannt, ist jedoch, insbesondere durch seinen Pudel namens Monsieur, via Goethes Faust dennoch allen Deutschen indirekt vertraut. *Dürers* okkulter Kupferstich „Melencolia I" erschien als Kunstblatt der einstigen Reichsdruckerei, *Jakob Böhme* ist bereits in Reclam- und Inselbändchen Ausgaben zugänglich, sein Schüler *Johann Georg Gichtel* ist, durch die Tafeln seines

Werkes „Theosophia practica“, ein erst jetzt voll gewürdigter Zeuge dafür, dass das Wissen von den Chakras auch ohne Berührung mit dem Indertum autochthon in Mitteleuropa lebendig war bei Esoterikern –, die Liste der Namen ließe sich weithin verlängern. *Goethe*, der sich selbst gern als den „alten Merlin“ bezeichnete, darf nicht fehlen, *Novalis* nicht, auch nicht Goethes Jugendfreund *Jung-Stilling*. Von Deutschland ging und geht eine esoterische Neubeseelung der Naturwissenschaften und der Heilkunde aus, die das Denken und Handeln insbesondere der Medizin weit voran in den neuen Aeon Wassermann treibt, dessen Schwelle wir gegenwärtig überschreiten. *Hans Blühers* „Traktat über die Heilkunde“, *Gustav Richard Heyers* Buch „Vom Kraftfeld der Seele“ und *Otto Buchingers* Hauptwerk „Das Heilfasten und seine Hilfsmethoden“ sind besonders markante Zeugnisse dafür. In dem letztgenannten Buch lesen wir: „Ist neben Luft und Wasser die feste und flüssige verdauliche Materie wirklich das einzige Lebensmittel? Wenn man viele langfastende Menschen beobachtet hat, wird man oft den Gedanken nicht los, dass da noch irgendeine kosmische Vibrationskraft vorhanden ist, die den fastenden Organismus erhält, ›auflädt‹. Sie muss irgendwie etwas mit ›religio‹, mit der Wiederverknüpfung an eine schöpferische Ur-Energie zu tun haben. Das jahrelange Nicht-Essen, die Inedia der *Therese Neumann* (Konnersreuth) halte ich nach Kenntnis der gesamten, stark angewachsenen Berichte für ein Phänomen, das uns auf die Möglichkeit einer merkwürdig wörtlichen Auslegung der bekannten Stelle Matth. 4, 4 hinweist. ›Der Mensch lebt nicht vom Brot allein, sondern von einem jeglichen Wort, das durch den Mund Gottes geht.‹“ – *Buchinger* fügt hinzu, dass damit nur „der geheimnisvolle schöpferische Logos“ gemeint sein könne, und er fragt: „Sollte der Mensch sich wirklich aus dem Weltall ›aufladen‹ können, wenn er ›das Wort‹ findet? Ich hörte von zwei Fällen von Inedia (nutritio spiritualis) in der Sorbonne (Paris), die aber nicht veröffentlicht wurden. Man konnte sie wohl nicht unterbringen in den Schubladen der akademischen Registratur.“

Mit der Hinwendung zur Esoterik tritt der Mensch in Bereiche, die erfüllt sind vom geheimnisvoll realen und – zur Kreatur Homo sapiens hin – realisierbaren Walten des Logos. Ein neuer Leib, ein neues Leben und jener feste Punkt sind Strebensziele, von dem her die alte Welt aus den Angeln gehoben – g e h o b e n ! – werden kann. Sursum corda!

Wachen, um zu wachsen: das ist der Imperativ des Esoterikers. Wachend wächst er in den großen Holunder hinein, den wahren Weltbaum, Sambucus magna. Der heilige Baum, dessen Blüten aus Schnee geschaffen scheinen und aufgetanen, segnenden Händen gleichen, wenn sie im Sommerwind und im Weltall-Atem wogen, sei Gleichnis für unser hohes Ziel. Jede Blüte besteht aus einer großen Anzahl kleiner Doppel-Pentagramme – und das Holundermark ist federleicht, durchlässig und auf die feinsten elektrischen Impulse ansprechend: es atmet unaufhörlich. Wenn unser Wesenskern den gleichen Hauch des gleichen Himmels eratmet, wenn wir das Symbol des Doppel-Pentagramms entschlüsseln und dem Sternenall Sternenantwort geben, dann kann uns zuteil werden, was *Paracelsus* als Ziel pries: „gewaltige Meister des irdischen Lichtes“ sein zu dürfen.

*

III.

KATHARSIS

Die positivistische Naturwissenschaft unserer Tage – inzwischen durch ihre mikrophysikalische Unterfahrung auf Abgründe gestellt, von denen die Mehrzahl ihrer Vertreter in praxi nichts merken will – bleibt nach wie vor dem Fortschritt aufs naivste verschrieben, ohne zu beachten, dass dieser Fortschritt einen Selbstentwertungsprozess der Naturwissenschaft nicht nur bedeutet, sondern von Jahr zu Jahr beschleunigt. Am deutlichsten wird das in der Medizin, so weit diese sich als Naturwissenschaft missversteht: jede Errungenschaft von gestern ist der Kunstfehler von morgen, wir erleben das speziell hinsichtlich der Arzneien auf eine Weise, die der Laie fast immer, der Arzt nicht immer merkt. Ausnahme ist die Homöopathie, weil sie ein Gesetz hat – „Ähnliches werde durch Ähnliches geheilt!" – und mithin im Prinzip nicht fortschreiten, sondern nur ihren Arzneischatz (was die Prüfungen am Gesunden und die Vermehrung der geprüften Mittel betrifft) erweitern kann.

Die Naturwissenschaft, die sich mit dem Ingenieursdenken auch im Bereich der Medizin so gemein wie möglich gemacht hat, sieht und erstrebt den Fortschritt in einer bereits für Mäßigbegabte als unheilvoll erkennbaren Richtung. *Prof. Hahn*, der Ur-Anatom des Uran-Atoms, wusste und wollte kein Hiroshima und keine Kobalt-Bombe, er war nur ein harmloser Spalter, aber die Physik, die er betrieb, war längst zur Hilfsdisziplin der Technik geworden, die ihrerseits zur Hilfsdisziplin der Staatenlenker und mithin auch der Vernichtungstechnik geworden war. Inzwischen sucht man das zu kompensieren durch Kunstgriffe im biologischen Raum: man verjüngt durch Bogomoletz-Serum und Frischzellen, die Leichenkammern werden ausgeweidet, um das Leben zu verlängern und den Tod möglichst auszuklammern aus der Rechnung ohne den Wirt, man zerkünstelt die biologischen Abläufe und erzielt jene Termitenmenschen, von denen Einsichtige immer wieder warnten, die aber den Staatsmännern nur recht und vor allem billig sind. Dass, seit Beginn des technischen Zeitalters, die überwiegende Mehrzahl der die Welt umgestaltenden Erfindungen im Dienste der Zeitersparnis standen und dass damit eine Menschheit erzogen wurde, die nunmehr überhaupt keine Zeit mehr hat, muss jedem auch nur ein klein wenig Urteilsfähigen zeigen, wie dumm die Klugheit sein kann: nicht nur die der Techniker, die aber auch und die vor allem.

Wie jegliches Malheur, hat auch das des Ingenieurszeitalters – in dem der Arzt, der Biologe, der Psychologe usw. immer mehr zu Ingenieuren werden – etwas Gutes: es provoziert Reaktionen. Und so wächst denn der Kreis derer ständig, die, wie ich es im vorigen Kapitel nannte, um eines *echten* Fortschrittes willen (in einen neuen Aeon hinein) Rückschrittler zum Urquell hin werden.

Die Esoterik blickt rückwärts, freilich mit einem Ziel, das vorausliegt. Das ist eine komplizierte Situation. Kein Ur-Sprung, kein Sprung aus dem Ur ins Sein, ist möglich ohne eine Rückbesinnung auf das Ur, ohne eine neue Kontaktnahme mit ihm. Goethe, dessen Lebenswerk in der Zeit, nachdem er von Leipzig krank nach Frankfurt zurückgekehrt war und dort durch den alchymisch praktizierenden Arzt *Dr. Metz* gerettet worden war in einer Nacht höchster Todesnot, beim Studium des *Paracelsus*, der Magie, Quabalah und Theosophie anknüpfte – von wo her sich sein späteres Illuminatentum ergab und die Höhe seiner Dichtung, nicht nur der Faust, auch die Gedichtreihe „Gott und Welt" und vieles andere –, verrät in drei Zeilen ein großes Geheimnis und den Weg dahin:

> Das Wahre ist schon längst gefunden,
> Hat edle Geisterschaft verbunden,
> *Das alte Wahre, fass es an!*

Nur wer das alte Wahre anfasst, findet zu ihm –, wobei das Anfassen nicht nur ein geistiges Ergreifen bedeutet, sondern gegebenenfalls auch körperliche Berührung. Ich habe stärkste, Wandlungen einleitende, neue Durchblicke und Tore eröffnende Erlebnisse gehabt durch die physische Berührung bestimmter Kultgegenstände, durch das Betreten von Stätten, durch das Michhineinlegen in ein kultisches Grablegungs-

Grab keltischen Ursprungs, durch das Anfassen eines Steins vom Montségur usw. Das bedeutet allerdings auch, dass man bestimmte Gegenstände *nicht* anfassen soll: diejenigen, deren Ladung den eigenen Weg verwirrt oder den Schreitenden haften lassen an dem, wovon er gerade fort will.

Dass das alte Wahre, das es anzufassen gilt, von edler Geisterschaft bewacht wird, die treu verbunden ist, wird jeder erfahren, der auf seine Weise zum alten Wahren hindringt. Was *Gustav Meyrink* vom „großen Holunderbaum" sagt – auf der Widmungsseite dieses Buches finden sich die wichtigen Worte –, ist in Goethes Vers an- und in seinem Gedicht „Lage" ausgedeutet.

Um aber das alte Wahre anfassen zu dürfen, bedarf es reiner Hände. Katharsis ist die conditio sine qua non jeglicher Kontaktnahme solcher Art, tiefgreifende Reinigung zum Zweck der Sensibilisierung.

Das beginnt im Leiblichen. Was man herkömmlicherweise Lebensreform nennt, ist da außerordentlich wichtig: so wichtig, wie das Stimmen des Instrumentes für den Musiker ist. Es gibt dann – späterhin – noch eine andere Art von Reinigung, ohne die man nicht weiterkommt: die kultische, die nicht mit der ethischen verwechselt werden darf. *Oscar Goldberg* hat in seinen beiden Werken „Die Wirklichkeit der Hebräer" und „Maimonides" klarer als jeder andere Autor gezeigt, was es mit der kultischen Reinigung auf sich hat beim Umgang mit den Mächten. Auch in Kurt *Arams* Kompendium „Magie und Mystik in alter und neuer Zeit" ist darüber Aufschlussreiches zu finden.

Hier, wo von Reinigung im Sinne der Schaffung und Steigerung einer esoterischen Aufnahmefähigkeit die Rede ist, kann aus Raumgründen keine Anweisung zur körperlichen Katharsis gegeben werden. Stichworte müssen genügen: Stimulantien-Abstinenz empfiehlt sich aus zwei Gründen, einmal als Willens-Exerzitium, sodann vor allem, weil dort, wo das Innere die Schwingungen subtiler „Sender" aufnehmen soll, es nicht von den starken Eigenschwingungen der jeweiligen Stimulantien beschlagnahmt sein soll. Da der Atem eine besondere Rolle bei der Aufnahme des Aushauchs hoher Wirklichkeiten spielt, ist seine Störung und Abstumpfung durch Tabak ein gewaltiges Hindernis. Wer

Feines und Feinstes eratmen will, darf nicht in Rauchbeize leben. Das stärkste Mittel, die Sensibilität zu steigern und zugleich die tiefgreifende Reinigung des Organismus zu erzielen, ist das Fasten, das ja denn auch seit Urzeiten zu den vorbereitenden Exerzitien aller Esoterik gehört, vom fernen und nahen Osten über die Urkirche, die Gnosis und das Katharertum bis zu den Indianern Nordamerikas, den Eskimos Alaskas und Grönlands und den Schamanen im sibirischen Raum. Wer heute den Fasten-Anweisungen *Otto Buchingers*, der mit einer Erfahrung von rund 35.000 in seinen Kliniken durchgeführten Fastenkuren der gründlichste Kenner des Fastens ist, treu folgt (und *Buchinger* geht es nur zu einem Teil um Heilkundliches, zu einem größeren Teil um Heil-Kundliches), der gelangt über die körperliche Katharsis weit hinaus. Auch die Kostgestaltung gehört zur Reinigung, auch die Entspannung – die, da wir zum Urquell zu schreiten gewillt sind, nicht bei *J. H. Schultz* gelernt zu werden braucht, sondern echter dort zu erlangen ist, wo dieser Autor sein System herholte: beim Yoga –, auch, wenn nötig, die Entgiftung durch homöopathisch gezielte, hochpotenzierte Heilmittel im Sinne der Psora-Lehre *Samuel Hahnemanns.*

Gerade der geistige Mensch wird von einer körperlichen Katharsis weit nachhaltiger beeinflusst, als er vordem ahnte. Vom Geist her hat er, cum grano salis, ohnehin einen lebhaften Stoffwechsel, während er sich um seinen Leib oft viel zu wenig kümmert und oft sogar stolz darauf ist, das nicht zu tun. Sehr zu unrecht: Den „Leichnam" gilt es zum wahren Leben zu erwecken. „Durchseelung der Organe" fordert ein bedeutender Esoteriker, mein okkulter Lehrer *Friedrich Schwab* – der ebenfalls homöopathischer Arzt war – als unumgängliche Stufe. Aus dem bloßen Körper wird erst dann Leib – im Sinne des Oetinger-Wortes: „Leiblichkeit ist das Ende der Wege Gottes" –, wenn diese Durchseelung der Organe beginnt. *Das ist der erste Schritt zur Wiedergeburt,* den *ausnahmslos* alle Esoteriker realisieren mussten. Auch Persönlichkeiten wie *Aleister Crowley*, dessen Auftrag hernach ganz andere Imperative zu vermitteln und zu begründen hatte als die hier als Katharsis gekennzeichneten, musste sich durch Fasten, buddhistische Exerzitien, Atemübungen usw. lange schulen, ehe er zu *seinem* Anruf und Ruf gelangte.

Ebenso langwierig, jedoch auch ebenso viel reinste Freude gewährend, ist die psychische Katharsis. Die meisten Leser werden hier sofort an die Gedankenbeherrschung denken, wie sie von den Pionieren des „New Thought", von *Quimby, Mulford, Marden* usw. gelehrt wurde. Eine solche Gedankenbeherrschung darf nicht unterschätzt werden – das Unterschätzen ist überhaupt eine große Gefahr auf dem esoterischen Wege –, jedoch die Amerikaner neigen bei der Anpreisung ihrer Methode zu einem flach optimistischen Illusionismus, der gerade dann zuweilen an sein Ende gelangt, wenn das Schicksal von uns einen intensiven Anfang fordert. Gedankenbeherrschung nach New-Thought-Manier ist eine Technik und hat den Wert einer Technik: ohne bestimmtes Können – und Gedankenbeherrschung ist ein *sehr* bestimmtes Können – gibt es auf keinem Gebiet eine Entwicklung zum Meisterlichen, am wenigsten auf esoterischem Gebiet. Wer aber das Instrumentelle mit dem Wesentlichen verwechselt und in der Gedankenbeherrschung einen Schlüssel zum Welt- und Lebensgeheimnis vermutet, täuscht sich. Nun gehört jedoch gerade das Ent-täuschtwerden zum Wesen der seelischen Katharsis. Über diesen letzten Satz möge nachgedacht werden. Sehr vieles im Leben ist geronnener Spuk. Auf solchen reagiert nur der mit Angst, der ihn noch nicht zu durchschauen vermag. Wer sich selbst enttäuscht, sich der Täuschungen entledigt, den braucht das Schicksal nicht mehr zu ent-täuschen. Die Gespenster seines Lebens nehmen – um ein Wort aus *Gustav Meyrinks* „Walpurgisnacht" zu zitieren – Abschied von ihm.

Angst und Lüge sind die beiden großen Krankheitsherde in Seele und Geist. Wer der Angst entrinnen will, muss sich in die Wahrheit begeben. Die Wahrheit ist da zu finden, wo Welt und Oberwelt einander durchdringen und einander bedingen. Wer nur die Welt im Blickfeld hat – in der so viel geronnener Spuk ist –, kommt nicht aus der Angst heraus. Wer nur die Überwelt sucht oder sich Blicke in sie erlistet, wird weltunbrauchbar. Der eine belügt sich durch geronnenen, der andere durch jenseitigen Spuk.

Den Kampf mit Angst und Lüge kann der Wachsame nur in der Einsamkeit durchkämpfen, die er sich schaffen muss, wenn er vermeiden will, dass das Schicksal ihn in Zwangseinsamkeit stößt. Es ist die Einsamkeit der rücksichtslosen Ehrlichkeit vor sich selber. Je größer diese Ehrlichkeit, desto förderlicher. Das große Motiv, dem die Katharsis bringende Einsamkeit unterstellt ist, heißt Wüste. In die Wüste gingen die großen Verkünder, ehe sie Verkünder wurden. „Ein Niemand ging fort, ein Jemand kam wieder", sagt *Aleister Crowley* diesbezüglich im „Buch 4". Oft kam es aber auch vor, dass die Wüste zu einem Niemand ging und ihn als einen Jemand entließ: deshalb stellt *Emanuel Swedenborg* die „devastatio", das Dahinschwinden aller früheren Werte und das damit verbundene Erlebnis der Öde und erschreckenden Einsamkeit, an den Beginn der Wiedergeburt. Es ist selbstverständlich, dass ein Aufsuchen äußerer Einsamkeit den Prozess fördert, den ich hier als die Wüsten-Phase des Esoterikers bezeichnen möchte; es ist ebenso selbstverständlich, dass äußere Einsamkeit nicht dazu zu gehören braucht und dass man in einer Großstadt, ja in einem lärmenden Café einsamer sein kann als in der Einöde. Die Schlaflosigkeit bietet sich oft als die – zunächst höchst ungemütliche – Klause an, in der Selbstkonfrontation vonstatten geht. Jedoch auch bei Tage, insbesondere wenn man in jeden Tag grundsätzlich die „stille Stunde" einfügt, ist ein inneres Gespräch mit denjenigen Problemen, die unbequem sind und die man gern verdrängen möchte, unumgänglich.

Hier sei sogleich ein Grundphänomen geschildert, auf das jeder Übende stoßen wird. Als mir 1929 *Gustav Meyrink* erste Übungen – brieflich – gab, fragte ich ihn, wie ich denn ohne Anwesenheit eines Lehrers kontrollieren könne, ob ich diese Übungen (es waren ganz einfache damals) richtig durchführe. Er antwortete mir, dass ich den Grad des Gelingens meiner Übungen an der Zahl und Intensität der Störungen von außen ermessen dürfe: je wesentlicher man unterwegs ist zum Gewollten und Gesollten, desto verlässlicher wird man dabei gestört (erst sehr viel später ändert sich das nach Erringung bestimmter Abwehrmethoden). Das bestätigt sich bei jedem Neubeginn – und der esoterische Weg besteht aus immer neuem Beginn. In einer besonders turbulenten Zeit meines Lebens versuchte ich mir 12 Stunden der Woche radikal für eine Klausur zu sichern; ich lebte damals als Mitarbeiter einer Klinik für biologische Heilweisen. Die Störungen dieser 12 Stunden steigerten sich von Woche zu Woche, am ersten Tage, in den diese Stunden fielen, kam Freundesbesuch von weit her, der nicht abweisbar war, eine Woche darnach zwang mich ein Schüttelfrost unklarer Genese, die Klausur zu verlassen, in der darauffolgenden Woche sagte ich im Scherz, ich sei nun nicht mehr störbar – und wenn einer stürbe während dieser Zeit: es ereignete sich der einzige Todesfall eines Patienten, den ich dort erlebte, und der Chefarzt war zufällig nicht anwesend, so dass ich dennoch mein abgeschlossenes Zimmer verlassen musste; wiederum eine Woche später kam Flüchtlings-Einquartierung. – Ähnlich berichtet Aleister Crowley, dass sich der Drucklegung gewichtiger okkulter Werke – solcher, die den neuen Aeon herbeiführen helfen – unerwartete Schwierigkeiten entgegen stellen, wie man sie bei der Publikation anderer Bücher nicht kennt (und er hatte gewisslich Erfahrungen, da er außer okkulten Werken zahlreiche Bücher poetischen oder esoterisch-elementaren Charakters veröffentlichte, bei denen solche Schwierigkeiten nie auftraten).

Bei der Einsamkeit im Dienste der Katharsis und bei der Notwendigkeit, die Ehrlichkeit mit sich selber bis ins Radikale vorzutreiben, muss der Fehler vermieden werden, in Zynismus zu geraten oder in Skrupulanz oder in die Zurückführung aller Regungen auf Niederes. Die Formel „Nichts als...“, wie wir sie aus der Frühzeit der Psychoanalyse kennen, ist eine in doppeltem Sinne kümmerliche Formel: einmal, weil sie Wesentliches als bloßen Überbau zur Tarnung des Banalen betrachtet, zum andern aber auch, weil sich dabei leicht die Abwertung des Fundamentalen einstellt. Gäa ist notwendig, damit Antäus seine Kraft aus ihr empfangen kann. Das Erd- und Schlangenfeuer, Kundalini, ist der Wurzelgrund esoterischer Verwirklichungen überhaupt. Im viereckigen Muladhara-Chakra (worauf noch weiter unten einzugehen sein wird), das die Welt der Elemente in den feinstofflichen und in den leiblichen Organismus des Menschen strömen lässt und besonders die Erdkraft verarbeitet und organismisch repräsentiert, liegt das Schlangenfeuer beschlossen. Verwenden wir es, Gipfel zu erreichen, so dürfen wir weder die Gipfel leugnen noch – um ihretwillen – die unter ihnen liegende Wirklichkeit, aus der sie stammen und auf der sie ruhn. Wahrhaftigkeit also in der Bewertung dessen, was wir denken, fühlen, wollen und tun – Mut zum Blick ins Dunkel und Mut zum Blick ins Licht, das ist seelische Katharsis.

Zum Thema Angst sei ein Wort von *Johannes Neumann* zitiert: „Wenn wir fragen nach dem Weg aus der Angst, so ist er zur Hauptsache mit dem Weg in die Angst schon gegangen. Denn ehe nicht die Angst uns vor uns selbst führt, eher können wir nicht herauskommen." Statt Angstverdrängung: Mut zur Angst also!

Die Wahrheit gebietet ferner, zu sagen, dass die Katharsis zwar eine Bedingung der Esoterik ist, aber nicht ihr Wesen und Inhalt. Bekanntlich pflegte *Helena Petrowna Blavatsky*, an deren Hochbegabung und esoterischer Berufung kein Kundiger zweifeln kann, bei strikt vegetarischer Lebensweise und konsequenter Wein-, Bier- und Schnaps-Abstinenz, zu rauchen: und zwar auf Anweisung ihres Meisters hin, der darin ein Mittel sah, bestimmte Beschleunigungen ihrer feinstofflichen Physiologie zu bremsen. Mein 1944 verstorbener Freund *Fritz Quade*, der – als Chemiker und als Mann besonders regen Verstandes – schon in jungen Jahren metapsychologisch zu forschen begann, hatte sich bei dem Versuch, durch Übungen auf eigene Faust Hellsicht zu erringen, eine Hellhörigkeit überaus unangenehmer Art zugezogen mit Belästigungen, die ihn an den Rand der Psychose brachten. Auf den Rat eines sehr erfahrenen Okkultisten im damaligen Berlin – vor dem ersten Weltkriege –, *Paul Zillmann*, wurde er die unerwünschte Hellhörigkeit durch... bayerisches Bier wieder los. Das spricht nicht gegen die Katharsis, warnt aber vor Pharisäertum.

Was in diesem Kapitel skizziert wurde, ist leicht aufzunehmen, zu verwirklichen ist es sehr schwer. Je klarer wir es als Notwendigkeit erkennen, je entschlossener und ausdauernder wir sind, je weniger wir darüber „philosophieren", desto besser wird es gelingen – nach dem uns von *Eliphas Levi* übermittelten Imperativ: „Wissen, wagen, wollen, schweigen!" Über die Katharsis hinaus weist uns dann das Wort von *Friedrich Schwab*: „Das Leben auf Erden braucht nicht abgetötet zu werden, *aber es soll sakramental werden.*"

*

IV.

DER STANDPUNKT

Es ist eine alte und traurige Erfahrung, dass Menschen, die ungerüstet den Weg zur Wiedergeburt betreten, schwerstens gefährdet sind und nicht allzu selten scheitern. Nicht vom Scheitern derer soll hier gesprochen werden, die sich zu weit hinauswagten in Welten, deren Faszinationskraft ebenso groß ist wie das Verderben, das dort allenthalben lauert –, sondern von einem anderen Abgrund, der gerade den um Wiedergeburt Ringenden zu verschlingen droht. Es ist der Abgrund der Gottferne, die Hölle der Hybris, die luziferische Verlockung.

Nicht eindringlich genug kann dem Erwachenden gesagt werden, dass er Geschöpf ist. Jeder Gedanke des Gott-Gleichseins stammt vom Fürsten der Finsternis. Auf diesen Fürsten der Finsternis muss das Augenmerk gerichtet bleiben, Schritt für Schritt.

Die großen Dichtungen aller Völker enthüllen seine Taktik immer wieder. In Goethes „Faust", Ibsens „Peer Gynt" und Strindbergs „Nach Damaskus" ist der Versucher mit einer Hellsicht dargestellt, die fraglos inspiriert wurde. „Das Völkchen" merkt nach Goethes Worten den Teufel nie, „und wenn er sie beim Kragen hätte!" Aber der Erwachende ist nicht so kinderleicht zu gefährden und zu verderben – da muss anders gearbeitet werden als mit Hilfe der „Kleinen von den Meinen", da wird das uralte Sündenfall-Motiv vom Gott-Gleichsein auf vielerlei Schleichwegen als sehr sublimes Gift dem Sorglosen beigebracht, so wie Mephisto, als Dr. Faust maskiert, dem Schüler das Wort „Eritis sicut Deus, scientes bonum et malum" ins Stammbuch schreibt, um ihm dann höhnisch nachzurufen: „Folg nur dem alten Spruch und meiner Muhme, der Schlange, – Dir wird gewiss noch einmal bei deiner Gottähnlichkeit bange!" In diesem Zusammenhang sei auch des im Irrenhaus zusammenbrechenden Peer Gynt gedacht, dem Dr. Begriffenfeld den Strohkranz aufs Haar drückt mit dem spöttischen Ruf: „Es lebe des Selbstes Kaiser!" Faust, Peer Gynt und der Unbekannte in

Strindbergs „Nach Damaskus" haben alle drei den Fall in die Hybris getan, wollten alle drei „des Selbstes Kaiser" sein und mussten schließlich alle drei erfahren: „Mit unsrer Macht ist nichts getan, – wird sind gar bald verloren..."

Dies zu wissen – dies immer zu wissen – schafft den Standpunkt, ohne den jegliches Bemühen um Wiedergeburt zum Gegenpol des ersehnten Zieles führen kann. Jede Esoterik, die nicht unterbaut ist durch den Geist der zehn Gebote und der Bergpredigt, kann luziferischen Mächten als Aktionsbasis dienen. Wer sich umschaut in der Mystik unserer Zeit, bemerkt immer wieder deren häufigste Spielart, die unverbindliche, kluge, ästhetisierende Mystik, die lieblos macht und ihrem Jünger auf dem Umweg über den Hochmut zum Weg ins Unheil wird. „Wie die Kinder werden", das allein hilft! Kein Kind verfällt dem Selbsterlösungswahn, der die große Klippe ist gerade und vielleicht ausschließlich für den Erwachenden.

Jeder, der sich in das Weltbild der Esoterik hineinbegibt, ohne ein festes Abhängigkeitsverhältnis Gott gegenüber zu besitzen, erhält dort Gift statt Balsam. Ich bin viele Jahre lang Schüler eines großen Wissenden gewesen, der stets vor einem solchen Abhängigkeitsverhältnis Gott gegenüber warnte, weil er der Meinung war, dass eine auch nur im geringsten falsche Gottesvorstellung bezüglich der Lebensführung im Geiste verderbliche Folgen haben müsse. Deshalb empfahl er Verzicht auf Gottesvorstellungen überhaupt – eine Methode, die der des Buddhismus verwandt ist. Kurz vor seinem Tode jedoch offenbarte sich ihm Gott auf so eindringliche Weise, dass er in letzter Stunde Irrtum und Irrweg durchschaute und „wie die Kinder" zum Vater ging. Ein erschütterndes Tagebuchblatt aus seiner letzten Lebenszeit gibt Kunde davon.

Der Standpunkt, den der durch die Katharsis Hindurchgegangene finden und verwirklichen muss, ist: Alle Einsicht kommt von Gott, alles Walten in einer geistdurchleuchteten Welt steht im Dienste Gottes – der innigste, tiefste Sinn dessen, was Unten und Oben verbindet, die heiligste „Entsprechung", ist die Gnade. Ohne ein lebendiges und in jeder Hinsicht zur Verbindlichkeit führendes Gebetsleben entartet jedes esoterische Bemühen ins Luziferische, wo es zwar gewisse Erfolge zeitigen kann („siddhis"), wo aber auch die Gewissheit besteht, dass eines Tages die Quittung überreicht wird.

Die Sünde wider den heiligen Geist, die nicht vergeben werden k a n n , besteht darin, dass man sich jenem heiligen Geist v e r - s c h l i e ß t . Sich ihm zu eröffnen, gelingt oft dem einfachen Menschen weit leichter als dem Wissenden, weil der Wissende bereits tief in luziferische Bereiche eingedrungen ist. Erinnert sei an *Leo Tolstois* unvergleichlich schönes Märchen „Die drei Greise", das die Wiedergeburt dreier Analphabeten schildert, eine Wiedergeburt, die diese Männer wahrer Demut zu Wundertätern macht.

Gelingt es aber dem Wissenden, dem höheren Wachsein Erwerbenden, mit Hilfe Gottes zur Demut zu gelangen (er gerät dabei in ein Wechselspiel, da die Hilfe Gottes eine gewisse Demut voraussetzt, die Demut aber wiederum wächst, wenn Gottes Hilfe unmittelbar verspürt wird), so werden ihm esoterische Vertiefung und unermüdliches Arbeiten an seiner eigenen Wiedergeburt zum Heil gereichen wie nichts sonst auf Erden.

Es muss – um des festen Standpunkts willen – das religiöse Lebensgefühl eines *Tersteegen, Mathias Claudius, Eichendorff* oder *Guido Gazelle* erreicht werden. Erst von diesem festen Fundament her erwirbt man die Beschirmung gegen den Versucher, der drinnen, a b e r a u c h d r a u ß e n w o h n t – und der ein genialer Regisseur ist, viel klüger als wir Menschen, jedoch nicht klug genug, um dem zu schaden, der behütet ist.

Wir kommen damit zu einer grundlegend wichtigen Frage: Mystische Bemühungen dürfen nie zur hochmütigen Ablehnung bestehender religiöser Institutionen führen, wie es oft geschieht. In Kirchen und religiösen Bewegungen hat sich ein Erfahrungswissen um die Zumessung und Zugänglichmachung des für uns Heilsamen, hat sich ein Weg der Seelenführung gestaltet – es sei u.a. auch an die böhmischen Brüder, die Brüdergemeine und die Quäker erinnert –, dass es ein Zeichen von Hochmut oder Oberflächlichkeit wäre, wollte man dieses Erfahrungswissen unterschätzen oder gar negieren. Oft hört man aus dem

Munde von Menschen mit verwaschenen mystischen Tendenzen, sie brauchten keine Kirche und keine Andachts- oder Gebetsstunden, weil sie Gott ja überall fänden oder erlebten. Wenn Gott aber überall waltet, warum nicht auch im Gotteshaus oder in der Stunde des Gebets? Nicht Formen zu zerstören, sondern sie zu erfüllen ist des Erwachenden Mission.

Führung zu spüren ohne das, was hier Standpunkt genannt wurde, kann der *Ver*führung in die Arme treiben. Mit jedem Schritt auf dem Weg zur Wiedergeburt wird eine seelische Tiefenschicht aktiviert, die zur *Beziehungs*sicht fähig macht. Diese Beziehungssicht ist eine uralte Seelenhaltung, älter als die des hellen Bewusstseins unserer Spätzeit. Wenn beim Geisteskranken das helle Bewusstsein allmählich der Zerstörung anheimfällt, so kommt auch bei ihm die Beziehungssicht zur Geltung. Sie, die vordem hirnlich überlagerte, bricht jetzt chaotisch hervor – als Beziehungs*wahn*. Wahn deshalb, weil die ordnende, erleuchtende Kontrolle des Bewusstseins fehlt. Anders ist der Vorgang beim Erwachenden: Auch ihm offenbart sich die gleiche Seelenschicht, jedoch nicht durch Abtragung des Bewusstseins, sondern dadurch, dass er sie in dieses Hellbewusste *emporhebt*. Dann aber waltet kein „Zufall“ mehr über ihm, das Sinnhafte webt allenthalben, *er weiß sich geführt*.

An diesem Punkt gilt es, auf der Hut zu sein! „Du glaubst zu schieben – und du wirst geschoben!“ Dies *allein* zu erkennen, genügt *nicht*. Es muss „der Standpunkt“ da sein, von dem her zu entscheiden ist, welche Mächte uns „schieben“. Es tobt Kampf um uns. Wir selbst stehen auf dem Spiel! „Blindes“ Vertrauen zur Führung ist Selbst-Mord. Es liefert uns der luziferischen Welt aus.

Deshalb: „Blicket auf zum Retterblick!“ Deshalb: „Wachet und betet!“ Deshalb: „Hebe dich weg von mir, Satan! denn es stehet geschrieben: ›Du sollst anbeten Gott, deinen Herrn, und ihm allein dienen.‹“

*

V.

WAHRHEIT

Das Höchste ist geheim. Wer mir nicht Raum gibt für mein Geheimnis, der zwingt mich zur Lüge und wird damit schuldig am Kosmos der Wahrheit.

Jede Wahrheit kommt zustande durch einen Vereinigungs-Akt zwischen Erkenner und Erkanntem. Somit ist sie „gezeugt" und nicht etwa vorher schon „dagewesen" und eines Tages lediglich „entdeckt". Da die meisten Menschen das Zeugen von Wahrheiten fürchten, weil sie damit in oft radikal-revolutionäre Verbindlichkeiten geraten, der Mensch aber dessen ungeachtet seinem Wesen nach das zum Erkennen bestimmte Geschöpf ist, betätigen sie ihren Umgang mit Erkenntniszielen als Coitus interruptus. Sie bleiben dabei nicht nur unschöpferisch, sondern werden auch krank. Ihr Leiden ist dann die Inaktivitäts-Atrophie dessen, was am Homo als sapiens gekennzeichnet wird. Der tiefste Grund für ein solches Verhalten und seine Folgen ist die Angst vor dem Schicksal der Freiheit, die Angst vor dem Eigenweg und seinen Verpflichtungen, die immer auf ein „Werde, der du bist!" hinauslaufen. Der Wahrheiten Zeugende zeugt stets sich selbst als sein eigenes Kind: er wird mit jeder Zeugung in einen neuen Anfang wiedergeboren, in ein „Initium".

Der Initiationspfad ist identisch mit dem Principium individuationis, mit der individuellen schrittweisen Menschwerdung des einzelnen. Daher kann er nicht gelehrt, nur angeregt und erleuchtet werden. Dies geschieht durch den Symbolgehalt des jeweiligen Jetzt und Hier. Wer nicht das Insgesamt seines Jetzt und Hier als bedeutend vernimmt, wer sich taub und blind macht für die Hieroglyphen und Orakelstimmen, die Tag und Nacht die ihm und ihm allein gewidmete Offenbarung sind, der ist ein im wortwörtlichen Sinne „unbedeutender" Mensch, ein Kümmerling, der, weil er Metamorphosen scheut, Raupe bleibt, statt Falter zu werden. Die Zwangs-Metamorphose und Zwangs-Initiation Tod kann ihm nur wenig nützen, weil die ihr voraus gegangene Einweihung eines Geistes in die Mysterien der Leiblichkeit und der Offenbarungen des Irdischen misslungen ist. Wer sich anders als durch das Leben – etwa durch Abkehr davon! – auf den Tod vorzubereiten gedenkt, der betrügt Gott und schickt in der Todesstunde ein Geschöpf, das für seine individuelle Menschwerdung ins Erdenleben geboren wurde, mit einem Minus-Resultat ins andere Land hinüber.

Ein verhängnisvoller Fehler ist mit jenem Ideal des Heiligungsstrebens gegeben, das darin besteht, weniger als ein Mensch zu sein und das als Ideal einer Verstümmelung erkannt werden muss. Der „Vollendete“ kann nie derjenige sein, der sein Eigenwesen unterdrückte und verklemmte, sondern immer nur der, der es erfüllte. Dabei kann – im methodischen, im Trainings-Sinne – auch Asketisches epochale Bedeutung haben, die freilich als „Mittel zum Zweck“ und nie als Selbstzweck zu erfassen ist. Mit Notwendigkeit wird der auf den wirklichen Pfad der Initiation Gelangte im allgemeinen anstößig leben, weil jeder Schritt, den er auf diesem allein ihm gangbaren Pfade tut, nicht nur aus dem Allgemeingültigen hinwegführt und somit dem „Ethos“ (den Sitten und Gebräuchen, die z. Zt. gerade gültig und anerkannt sind) zuwiderläuft, sondern weil überdies alle Initiation als eine Kette von Zeugungsprozessen objektive, magische Folgen im Weltbestande nach sich zieht, ohne Absicht, ganz von selber, wirkt sich jede Erkenntnis revolutionär und ketzerisch aus, denn alles Neugezeugte stellt das Altgewohnte in Frage, ja bedroht und verdrängt es.

Das aber ist Gottes Wille. Man kann zu Gott nicht „heimkehren“, man kann ihm immer nur entgegengehn. Indem er durch das Jetzt und Hier zu uns spricht, macht er uns wach zum Aufbruch nach dort, wo er wohnt und waltet. Nur die Zukunft ist sein. Alle Gegenwart wird so lange von Chronos-Saturn, der seine eigenen Kinder frisst, ins Vergangene getötet, bis wir uns mit dem Trans-Saturnischen, mit dem Initiations-Stern Uranus verbinden und verbünden, der es uns ermöglicht, das, was Saturn ins Grab stößt, in die Auferstehung zu führen. Das Jetzt und Hier metamorphosiert sich ohne unser Zutun zum Gespensterreich des Gewesenen, zur Substanz der Verwesung. Mit unserem Zutun, d.h. infolge unserer Verwendung des Alltäglichen als heilige Schrift und Stimme, wird es zum Antrieb unserer eigenen Metamorphose, die zeugerische Weltmetamorphose ist und damit Chronos-Saturn die Kinder, die er verzehren will, durch Überschreiten seines Regimentsbereichs entzieht. Die Ernte der Vergangenheit wird, wo Initiative Initiation herbeiführt, immer geringer, die Ernte der Zukunft immer reicher.

Aus diesem Grunde ist auch dem Initiaten, der sein Jetzt und Hier pansakramental wandelt oder – was dasselbe ist – sich durch pansakramentalen Umgang damit selber wandeln lässt, das Historische unwesentlich für den Heilsweg. Seine Gottverbundenheit ist nicht „Re-ligio", Rückwärtsbindung. Er respektiert das geschaffene All als Willensbekundung Gottes und kann in der Tendenz, heimzukehren ins Nichtgeschaffene oder ins A-Kosmische, nur eine (als Frömmigkeit maskierte) Frechheit dem Schöpfer gegenüber sehen, eine dem Schöpferwillen zuwiderlaufende Wertung der Schöpfung als misslungene Sinnlosigkeit, in der das Erschleichen eines Notausgangs das rechte Streben sein soll. Diese ziemlich allgemein verbreitete Art von Frommen ist reaktionär, ihr Ziel liegt im Vorweltlichen – und bei der Erstrebung dieses Ziels wird zumeist die Anerkennung historischer Heilsgeschehnisse, also längst vergangener Daten, gefordert: etwa der Glaube an den verbindlichen Heilwert bestimmter Dokumente („heilige Schriften") oder bestimmter Ereignisse: seit 1950 gehört z.B. die Anerkennung der leiblichen Himmelfahrt Mariae für den Römischen Katholiken dazu. Dem Initiaten hingegen ist Geschichte, die geschah, für seinen Heilsweg irrelevant; ihm kommt es auf die Geschichte an, die vom jeweiligen Jetzt und Hier her w i r d und als deren Zentralgestalt er nur sich selber erfahren kann, weil das Verhältnis Gott und Mensch stets nur als das Verhältnis Du und Ich erfahrbar ist – und zwar stets aufs intimste, unmitteilbar und vom Du her jedes Ich nur stärker noch ins Unaustauschbare steigernd. Erst die im Kraftfelde der Initiation zur schöpferischen Vollendung ihrer Einmaligkeit Erwachenden können mit verwandten Wesen in echter Gemeinschaft leben, die stets ein polyphones Orchester ist, das sich der Zukunftsmusik widmet.

Alle „Gemeinden" einer „Re-ligio" aufgrund historischer „Heilstatsachen" sind demgegenüber Kollektive mit dem reaktionären Ziel einer „gottwohlgefälligen" Normung. Eine Normung des grundsätzlich auf unaustauschbare Individualität angelegten Geschöpfes Mensch kann aber niemals gottwohlgefällig sein: nur die Entnormung des Individuums zur Vollentfaltung seines Eigenseins – die die Vollendung des Eigenwegs voraussetzt – macht den Menschen zu dem, was Gott mit ihm (und immer nur mit ihm allein) meinte.

Der reaktionären Religio, für die Kirche, Staat, Schule und Familie werben, steht die revolutionäre Initiative des Einsamen gegenüber, für die Gott selber wirkt. Die Paradoxie dabei ist, dass dem Kollektiv die Welt fahl und das Eigensein bekämpfenswert wird, bis die Sicht Grau in Grau nur noch durch die Hoffnung auf eine statische Seligkeit erträglich ist, deren Formel zuletzt durch den Grabsteintext repräsentiert wird: „Hier ruht in Gott..."

Die revolutionäre Initiative des Einsamen hingegen macht das Leben auf Erden zu einem Gespräch von allen Seiten her, kein Stein bleibt mehr stumm und kein Stern ohne Botschaft – und statt des Weltverwelkens wird der Weltenfrühling Schritt um Schritt erlebt: „Jede Stunde, die hingeht, wird jünger..." *(Rilke)*. Alles Sein lebt von der Zukunft her, in die sich die Gegenwart verwandelt, wenn sie ohne Rest als Menschwerdungsspeise auf den Altar der Wandlung gehoben wird, dessen ewiges Feuer im Herzen brennt. Je „giftiger" die Speise, desto mehr bedarf sie der Wandlung zu einer Arznei, die bestimmt ist, Genesungsprozesse zu aktivieren. Damit gibt es für den Magus eines also ausgerichteten Rituals keine Sünde mehr, ja wenn „Sünde" das von Gott „Gesonderte" ist, die „Massa perditionis", so ist gerade die Sünde dasjenige Sakrament, das Gott den Bevorzugten zuweist. Es liegt eine ewige Wahrheit daran, dass *Christus* sich an Zöllner, Sünder, Huren und Weinsäufer hielt und dass er den Verbrechertod am Galgen zu eben jenem Sakrament machte, aus dem die Auferstehung hervorging. Er vergaß auch nicht, die Wasser und Blut schwitzende Angst (in Gethsemane) und die Qual der Gottverlassenheit (am Kreuz) in seine Erlöserlaufbahn einzubeziehen und – statt in statische Seligkeit zu entgleiten – mit seiner Wandlungskraft „zur Hölle niederzufahren" sowie dem Grabe seine Beute zu rauben.

Bei *Martin Buber* heißt es in seinem Vortrag „Sinnbildliche und sakramentale Existenz im Judentum": »Dem Menschen der sakramentalen Existenz frommen keinerlei erworbene Regeln und Rhythmen, keine überlieferten Methoden der Wirkung, nichts „Gewusstes", nichts „Gekonntes"; er hat immer wieder den unvorhergesehenen Augenblick zu bestehen; immer wieder im heranflutenden Augenblick einem begegnenden Ding oder Wesen Erlösung, Erfüllung zu reichen. Und er kann keine Auslese vornehmen, keine Scheidung; denn es ist nichts an ihm, zu bestimmen, was ihm zu begegnen hat und was nicht; und es gibt ja das Nichtheilige nicht, es gibt nur das noch nicht Geheiligte, noch nicht zu seiner Heiligkeit erlöste, das er heiligen soll.« (Eranos-Jahrbuch 1934.)

So ist für den magischen Menschen, der seinen Weg der Initiation geht und dabei subjektive und objektive Wandlungen zelebriert, alle Aufgabe im „Noch nicht" gelegen, in der Zukunft – während ihn das „Schon längst" oder „Bereits jetzt" gar nichts angeht. Das ist auch einer der Gründe, weshalb eine der bedeutendsten Initiations-Gemeinschaften – ein Orden der Erweckten – den qabalistischen Namen trug (der in *Meyrinks* „Golem" eine Rolle spielt): „Bruderschaft vom Samen des Morgenlichts". Diese Ausdrucksweise einer Rosenkreuzerischen Qabala enthält den Doppelschlüssel, dass einmal das Kreuz (das Symbol der in vier Elemente gebannten Diesseitswelt) dazu da ist, Rosen erblühen zu lassen: Erfüllungen, nicht Verkümmerungen des Lebens, dass ferner aber dieses Rosenkreuz eine der Symbolformen für Lingam und Yoni ist: für die Organe der Zeugung = Erkennen (in der Bibel doppeldeutig gebraucht), Zeugen und durch Wiedergeburten (Initiationen, Neu-Anfänge) zur Vollendung wandern: das ist der unaufhörliche Gottesdienst derer, die alles ihnen Zugereichte sakramental behandeln und sich nirgends selbst exkommunizieren, wo sie eingeladen sind.

„Hätten die Nüchternen
einmal gekostet,
Alles verließen sie
und setzten sich zu uns
an den Tisch der Sehnsucht,
der nie leer wird –"

Alles Vergangene verließen sie, der von jeder Gegenwart immer wieder für die Zukunft gedeckte Tisch, der wahre Altar des Pansakraments, wird nie leer, so wenig wie Gott je arm wird.

*

VI.

DAS WAGNIS

Der Mensch ist der „grundsätzlich ins Wagnis gesandte". Das Scheitern schadet ihm weniger als das vermeintliche Abgesichertsein. Gott will nicht Sucher metaphysischer Notausgänge, sondern Vollender des Menschseins vom Sinnlichen bis zum Übersinnlichen.

Man müsste einmal eine Metaphysik des Scheiterns schreiben, die von Phänomenen wie Paracelsus, der knapp nach Mitte der Vierzig krank, arm und kümmerlich in einem Gasthof starb, von Thurneyßer, der als Bettler vor einer Kölner Klosterpforte erlosch, usw. auszugehen hätte. Auch die Scheiterhaufenäcker am Hange des Montségur gehören dazu, auch Lenau, auch Conrad Ferdinand Meyer. Eine solche Abhandlung hat den positiven Beitrag – nicht die Tragifizierung oder Entschuldigung, sondern den absolut positiven Beitrag des Misslingens zum Magnum Opus, zum Weltenwerdewerk der Gottesziele zu erweisen.

„Un peu moins de science, un peu plus d'art, messieurs!", rief der klassische Kliniker Frankreichs, *Armand Trousseau*, seinen Kollegen zu. Ich erlaube mir, diesen Zuruf frei zu verdeutschen: „Etwas weniger Kalkül, aber dafür etwas mehr Herzgewissheit, meine Herrschaften!"

Folgt man dem zitierten Imperativ n i c h t, so muss man sich – wohl oder meistens sogar übel – zum sarkastisch blasphemischen Ausspruch *Friedrichs II.*, des sogenannten „Großen" bekennen, dass Gott immer nur mit den stärkeren Bataillonen zu sein pflege. Ein solches Bekenntnis aber nimmt dem, der es (offen oder verklausuliert) ablegt, nicht nur das Recht auf christliche Existenz, sondern auf religiöse überhaupt.

Selbst wer in der sichersten aller Sicherheiten stünde – in etwa also, was es seit 1914 und erst recht seit 1939 und 1945 nur noch illusionär gibt mit der Chance, ja der Garantie eines jähen und brutal ernüchternden Aufwachens aus scheingoldenen Träumen –, sollte beizeiten erkennen, dass das Lebenselement des homo religiosus immer die „insecuritas“ war, dass sie es ad infinitum bleiben wird – und jetzt sogar mehr denn je.

„Ungewissheit und Wagnis“ nannte der tief fromme Philosoph *Peter Wust* sein Hauptwerk. „Gewissheit mit Garantieschein“ ist – demgegenüber – d a s „Ideal“ (man müsste das Wort „das Real“ prägen!) unseres sich als christlich misskennenden Abendlandes. Da glaubt man, dass Gott immer nur mit den Straßenkreuzern, Kühlschränken, Musiktruhen, Lebensversicherungen und Pensionsberechtigungen zu sein pflege, obwohl gerade d a s die – sub specie aeternitatis – schwächsten Bataillone sind.

„Un peu moins de science“ – ein bisschen weniger securitas –, „un peu plus d‘art“ – ein bisschen mehr Wagnis –, „messieurs et madames“, meine Herrschaften beiderlei Geschlechts: Es ist unmöglich, ohne Glauben zu glauben – und wo das Wunder, als „Wirtschaftswunder“ geschieht, da handelt es sich nicht um ein Wunder, sondern um einen Job – Gott wird gnädig genug sein, uns den Job zu entziehen und uns wieder aufgeschlossen zu machen für wirkliche Wunder!

*

VII.

DIE ERSTEN SCHRITTE

Eine Ahnung von den Signaturen, vom Orakelhaften des Weltgefüges, von einer Realpräsenz des Bedeutsamen in allem, was dem Menschen begegnet, ist ihm wesenhaft eingeboren: anima naturaliter vaticina. Daher tastet ein jeder – zunächst oft spielend – nach Erschließung solcher Signaturen, und wo er nichts findet, um auszulegen, da legt er unter. Ein Beispiel dafür sind die Gedankenspielereien, die sich an Willkürliches knüpfen, etwa: Wenn ich jetzt beim Schreiten auf einen Grenzstrich des Pflastermosaiks trete, dann droht mir ein bestimmtes Zukunftsgeschehnis, oder es wird ein bestimmter Glücksfall eintreten und dergleichen. Das kann sich bis zum Aberglauben, bis zur Zwangsneurose steigern. Nun sind aber – nach einem erleuchteten Ausspruch *Hans Blühers* – Neurosen verpfuschte Sakramente. Was hier verzerrt und krankhaft erlebt oder erlitten wird, ist recht eigentlich nur die Abirrung eines Wissens um tiefere Wahrheit. Wer diese nicht findet, den narren ihre fehlprojizierten Reflexe.

In meinem nur in tschechischer Sprache (1935) veröffentlichten Buche „Vissy Bdelost" („Höheres Wachsein") legte ich – fraglos inspiriert von Instanzen, die für dieses Wissen um ein geheimes Evolutionsgesetz zuständig sind – ausführlich dar, dass es besser ist, gar keine Schritte in esoterisch-konkrete Bereiche zu tun, als etwa, nachdem man solche zu wagen begann, hinfort damit wieder aufzuhören.

„Steckengebliebene" okkulte Bemühungen führen nicht – wie es auf nichtokkultem Gebiet der Fall wäre – lediglich ins Vergebliche, sie laufen nicht auf resultatlos gebliebene, auf vergebliche Mühe hinaus, sondern sind Einsprengseln von geheimnisvoller, pathologischer Wachstümlichkeit ins Normale des Leib-Seele-Geist und vor allem des Schicksals-Organismus vergleichbar.

Es ist buchstäblich so, dass, wer Alpha zu sagen begann, nicht eher zur Ruhe kommt, als bis mit ihm das Omega ins Handgemenge gerät –, nur dass dann nicht (um beim Bilde zu verbleiben) ein Namensmächtiger endlich doch noch sein Pensum zu schaffen gezwungen worden ist, sondern im Gegenteil wird einem, der auszog, Namensmächtigkeit zu erwerben, besagtes Pensum von den Mächten über seine eigene Ohnmacht hinweg zelebriert. Sehr viele gescheiterte Schicksale und solche, in denen sich ein Prozess vollzieht, der – statt einen Menschen zu „entwickeln" – nunmehr sich selbst auf einer Bühne abwickelt, die gleichgültig gegen Wohl und Wehe der von ihr angeforderten Komödianten ist. Auf eine weit verhängnisvollere Weise, als wir das Wort sonst zu verstehen pflegen, wird derjenige Okkultist, der einst durch Exerzitien seine höhere Selbstwerdung in Gang setzte, dann aber wieder davon abkam, zu einem Medium. Man könnte fast – in einem nicht einmal allzu gewagten Bilde – sagen, dass die ozeanisch-uferlose und zugleich von Strömen und Wesenheiten getriebene und durchwaltete esoterische Substanz („das universale Agens" im Sinne von *Eliphas Levi*) eine lauernde Affinität zum Menschen hin hat: sie wartet auf ihn, dass er sie entsiegle, und sie wird ihm dann – auf jeweils individual-spezifisch-ureigenste Weise – gründende Kraft seines Seins, Wurzelung des Wesens und Wipflung, die sich ihm als innig-starke Vollzugsgewalt eingießt und schenkt, wobei er in Zusammenhänge gesteuert wird, die den Beitrag des einzelnen zur okkulten Weltgeschichte bedeuten.

Jene Affinität der esoterischen Substanz realisiert sich aber auch dann ins Irdische hinein, wenn der, der zunächst entsiegelnd am Werk war, nun das ihm daraufhin Zugeströmte stagnieren lässt: es kann in Wahrheit gar nicht stagnieren, ja man darf sagen: es will nicht –: denn des Eindrucks wird jeder sein, der die hier geschilderten Zusammenhänge aus Beobachtung und Erfahrung kennt, dass esoterische Substanz, nachdem sie aus ihrer Latenz gelockt und ins Irdische manipuliert wurde, dort eine ausgesprochene Eigenwilligkeit zeigt. Gelingt es dem Okkultisten, die esoterische Substanz in *seinem* Sinne zu aktivieren, so ergreift nicht nur er sie – als mit ihr wissend und übend Umgehender –, sondern auch sie ihn, indem sie von sich aus das zusätzlich intensiviert, wofür sie mobilisiert wurde. Sie ist stets weit mehr „treibende Kraft", als man gemeinhin sieht.

Lässt jedoch der, der es auf sich nahm, Paraphänomenik des Lebens in sich und um sich herum zu entbinden und spielen zu lassen, das Begonnene im Stich, so hebt dessen Eigen-Sinn zu wirken an. Daher werden Zauberer, die „umsattelten“ – zurück ins Banale, in Gewerke, wo es „mit rechten Dingen zugeht“ –, ohne es zu wissen und zu wollen, „Spuk“: in heimlichunheimlichen Stunden zeichnen sie ihre Biographie – keineswegs als Auto-, sondern als Xenogramm – als realsymbolisches Narrensiegel auf jenes Blatt Weltgeschichte, das, unter der Rubrik „Lokales“ gleichsam, die Walpurgisnächtlein zur Notiz nimmt, die Infektionsherde neuer Sensitivwerdungen des Nachwuchses sind. Die tragische „okkulte Bohéme“ – die objektive, denn subjektiv will sie vom Okkulten ihres Gepräges nichts wissen – spielt, zumindest als Humuslieferantin, eine sehr wesentliche, fast immer unerkannte und zumindest arg unterschätzte Rolle bei der Mitwirkung unserer Zeit und der abendländischen Menschheit am Grünen und Blühen des Klingsor-Gartens.

Bei *Kurt Leonhard*, „Der Geist und der Teufel“ (*Die Neue Rundschau*, 1950, Heft 4) lese ich – im Hinblick auf *Thomas Manns* Adrian Leverkühn – das Wort „fluchbegnadet“. Welch ein Wort! Welch ein Schlüssel zu Sinn und Sendung des Menschen im Klingsorgarten der geschaffenen Welten! Und weiter: Wenn wir den Teufel den „Gottseibeiuns“ nennen, sollte das wirklich nur eine Formulierung frömmlerischen Aberglaubens sein? Oder sollte nicht vielmehr in dieser merkwürdig wissenden Umschreibung zum Ausdruck kommen, dass Gott gerade dann mit dem seiner Realpräsenz gewidmeten Imperativ in das besondere, besonderste Stück seiner Welt und Wirklichkeit beschworen wird – in den jeweiligen Menschen Ich nämlich –, wenn dieser mit dem Teufel zu tun bekommt? Vom Teufel an a b w ä r t s wird die Heilsgeschichte bedeutsam. Oberhalb seiner ist sie lediglich eine Fleißarbeit für kosmische Klassenprimus-Kandidaten.

In einer Sinnesphysiologie des Zoologen *W. von Buddenbrock* lesen wir: „Die Hand des Erwachsenen vermag mit Leichtigkeit die Nasenspitze, das linke Ohr, das Knie oder irgendeinen anderen Körperteil zu finden. Diese Fähigkeit, ohne die wir nur schlecht leben können, ist uns nicht vom Himmel gefallen. Unzählige Stunden unserer unbekümmerten Jugendzeit haben wir dazu benutzt, unseren eigenen Körper mit solchen Greifbewegungen zu studieren... Erst ganz langsam, Schritt für Schritt, wächst mit der Erfahrung die Sicherheit.“

Sogar was uns selbstverständlich, was uns angeboren erscheint, ist also oft Ergebnis langen Übens. Wie wollten wir Kunde erlangen von unserem unverweslichen Organismus, wenn nicht abermals durch Übungen! Die höhere Bewusstwerdung, die eins der Ziele darstellt, um derentwillen wir durch die Schule der Verkörperung gehen, braucht nicht immer willentlich erstrebt zu werden. Auch der Künstler, der Ethiker, der Beter z.B. wird ihrer teilhaftig „nach dem Gesetz, nach dem er angetreten" – wobei freilich hinzugefügt werden muss, dass dieses Gesetz in sehr geheimnisvoller Weise doch wiederum zusammenhängt mit Willensimpulsen, die aus dem Vorleben stammen. Was aber den Übenden von allen anderen Menschen unterscheidet, ist die wissende Zustimmung und Freude an der Mitarbeit, mit der er die Lebensaufgabe, die in der Erlangung höherer Bewusstseinsformen besteht, zu erfüllen trachtet. Er wird unabhängig von den Stunden der Erhebung, die ihn schicksalhaft überkommen, denn sein Beheimatetsein im Wahnlosen und Unverweslichen erhält allmählich den Charakter eines erworbenen Rechts und bleibt somit unantastbar vom Alltag.

Es war im Abschnitt über „Katharsis" kurz vom Sterbenlernen die Rede. Gemeint war damit ein inneres Fertigwerden mit dem Tode, ein Hineinheben der Todesgewissheit ins Licht des Bewusstseins an Stelle der beliebten Verdrängung. Genauer betrachtet, stellt aber ein jegliches Üben im Dienste der Wiedergeburt ein Sterbenlernen dar. Mit dem Tode tritt nämlich der Mensch aus dem physischen Körper hinaus und wird auf diese Weise vom Geschick zum Erleben derjenigen Formen des ihm zugemessenen Seins gezwungen, die jenseits der physischen Körperlichkeit walten. „Feinere Sinne wachen nun im Menschen auf, wo ihm die Sinnenwelt versinkt und ihn allein lässt in einer höheren Welt. Denn kein Mensch ›gibt seinen Geist auf‹. Auch nicht der dickste Materialist. Was selbst der stärkste Sinnenmensch aufgibt, aufgeben muss, das ist sein Leib. Und dann steht eben Geist dem Geist gegenüber. – "
(Dr. Friedrich Rittelmeyer)

Es gibt viele Methoden des Übens, die das gleiche Ziel haben: Geist dem Geist gegenüberzustellen. Sie alle beginnen mit der Erlernung dessen, was von der Esoterik des Abendlandes allgemein als Meditation bezeichnet wird. Auch das Gebetsleben gewinnt an Fruchtbarkeit durch Schulung in der Meditation, was in diesem Falle soviel bedeuten würde wie jederzeitige und willentliche Erweckung der Andacht. In der Meditation wird Gottes Anwesenheit erspürt. Erst von diesem Erspüren an ist das Gebet sinnvoll. Ein Hineinreden in den leeren Raum „trifft nicht in Gottes Ohr".

Justus Ferdinand Laun bemerkt dazu: „Wenn ich meinen Gesprächspartner auch nicht sehe – z.B. am Fernsprecher –, so höre ich doch seine Stimme. Höre ich diese beim Telefonieren eine Zeitlang nicht, weil ich selbst etwas Längeres geredet habe, so bekomme ich beim Reden ein unbehagliches Gefühl, lausche einen Augenblick und frage: ›Sind Sie noch da?‹ Warum unbehaglich? Weil es sinnlos und peinlich wäre, mit jemandem zu reden, der gar nicht da wäre! Und doch versuchen viele Menschen, so zu beten!! Nein, so geht es nicht, so kann nie ein wirkliches Gespräch mit Gott zustandekommen. Um recht beten zu können, muss ich wissen, dass Gott da ist und mich hört. Woher bekomme ich dies Wissen? Gibt es denn solches Wissen überhaupt? Gewiss..."

Jetzt aber fährt der Autor fort: „...und es kommt aus dem Glauben!" Wir möchten es anders formulieren, denn wir meinen, dass kein Gebet ganz ohne Glauben gesprochen wird, dass aber unendlich viele Gebete ohne vorangegangene Meditation ins Leere dringen. Jede Meditation, die stark und echt ist, muss die Anwesenheit Gottes offenbaren.

Die ersten Schritte, die auf dem Weg zur Wiedergeburt getan werden, bestehen im Erwerb einer tiefen Fähigkeit zur Meditation. Nur in der stillen Stunde ist dieser Erwerb so hohen Geistesgutes möglich. Wer den willentlich festen Beschluss zu fassen vermag, an jedem Tag eine – und sei es auch noch so kurze – Zeit der Besinnung in Stille und Einsamkeit bereitzuhaben und wer Manns genug ist, diese einmal festgesetzte Zeit auch zu verteidigen gegen die dämonischen Attacken, die sich bestimmt ereignen werden, sobald er an die Verwirklichung geht, fördert sein erwachendes Leben selbst dann schon beträchtlich, wenn er vom meditativen Inhalt solcher stillen Stunden noch keinerlei Vorstellung besitzt. Er muss nur eins wissen: Sobald ein Mensch „sich aufmacht, licht zu werden" *(Jesaja 60, 1)*, wird er nicht nur in gewissen

Zonen dieser, sondern auch jener Welt unbeliebt. Dämonische Influenzen bedrängen ihn, wenn er nicht wachsam ist. Die stille Stunde kann zur Einbruchspforte dunkler Gewalten werden.

Deshalb gilt es, zuerst nur einfache, schlichte Licht und Liebesmotive in den Mittelpunkt der Meditation zu stellen. Die großartigste Offenbarung von Licht- und Liebesmotiven aber ist der Kosmos selbst, wenn wir ihn von höchster Warte her betrachten, so dass wir Abstand gewinnen vom zuletzt doch immer unterliegenden Lärm und Gewimmel der Finsternismächte und somit nur noch die gewaltige Symphonie der schöpferischen Liebe wahrnehmen. Rein räumlich-diesseitig kommt dieser Abstand allabendlich zustande, sobald wir unseren Blick auf den Sternenhimmel richten: Wir erleben, wie die Gewalten des Bösen und des Hasses verschwinden angesichts des lichterfüllten Abgrunds der Weltwerdung.

Unsere erste Meditation sei deshalb ein alter Mystikerspruch: „Abyssus invocat abyssum", verdeutscht: „Die Tiefe des eigenen Grundes ruft die Tiefe des göttlichen Grundes und Abgrundes." Ich selbst bewahre diese Verdeutschung, die von Kurt Aram stammt, als kostbares persönliches Vermächtnis des großen Esoterikers auf, habe aber bald nach seinem tragischen Tode erfahren, dass sie wie selten eine andere Wortfolge geeignet ist, von dem, der die Fähigkeit wahrer Meditation erwerben will, belebt zu werden.

Diese Belebung geschieht, wenn der Abend- oder Nachthimmel wolkenlos ist, vor dessen Sternenfülle; andernfalls „im Kämmerlein" bei geschlossenen Augen, hinter deren Lidern mit lebendiger Vorstellungskraft das Bild der Sternentiefe des Alls erzeugt werden soll. Rein körperlich ist zu beachten, dass die Haltung zwanglos und entspannt sein muss – aufrechtstehend; „ägyptischer" Sitz mit geradegehaltenem Rückgrat; oder einfache Rückenlage –, dass ferner die letzte Mahlzeit zwei bis drei Stunden zurückliegen soll und dass es gilt, den Atem ganz leicht und locker sich selbst zu überlassen. Das Bewusstsein wird kampf- und krampflos von jedem anderen Inhalt befreit, je intensiver darin der Sternenabgrund zu herrschen beginnt. Der Übende wird erfahren, in wie geheimnisvoller Weise „die Tiefe des eigenen Grundes der Tiefe des göttlichen Grundes ruft" und umgekehrt, etwa als wenn zum Schluss beide nicht mehr einander riefen, sondern lauschten, dieses Lauschen aber erfüllt ist von Stimmen, die nur zum Teil aus dem eigenen Innern, zum andern Teil jedoch aus dem Innern der Welt, aus der Überwelt stammen.

Mit der Stetigkeit dieser Meditation wächst zart ihr Lohn, die Bewusstwerdung eines vom Körper unabhängigen Weltwahrnehmens, das Aufwachen im Substanzleib. Damit geht es genau in der gleichen Weise vorwärts, wie *Buddenbrock* es vom Kinde schildert, das seinen physischen Körper übend kennenlernt: „Erst ganz langsam, Schritt für Schritt, wächst mit der Erfahrung die Sicherheit.“

Wie Meditationsergebnisse Fortschreitender aussehen, möge gezeigt sein mit einigen Zeilen, die ich im Anschluss an die geschilderte, aber lange Zeit hindurch gepflegte Abyssus-Übung aufschrieb:

O Atem der Sterne. Wir neigen
Ins leuchtende Schweigen
Uns betend hinein.
Das Lauschen, das Schauen
Das tiefe Vertrauen,
Sind Dein...

O Atem der Sterne. Wir heben
Das zitternde, zuckende Leben
Zu Dir, der die Welten durchdringt.
Es heilt uns Dein heiliger Wille.
Das goldene Herz der Stille
Erklingt...

O Atem der Sterne. O Wesen,
Darinnen wir hören und lesen
Vom Höchsten Gebot:
Ich und der Vater sind eines!
O Purpur des Abendmahl-Weines,
O Hochzeit, o Tod...

VIII.

STUFEN

Der Lebensweg des Menschen ist gekennzeichnet durch die magische Signatur der Treppe, die entweder aus „Stufen des Abstiegs" oder aus „Stufen des Aufstiegs" besteht.

„Die Treppe ist Symbol des magischen Weges; die Stufen sind scheinbar eben, aber niemand kann sie gehen, ohne empor oder abwärts zu steigen: mühsam aufwärts, leicht aber gefahrvoll hinab. Deshalb bedeutet die Drohung ›jemanden die Treppe hinabwerfen‹ soviel mehr als die Drohung, ihn mit einem Stuhlbein zu verprügeln; es ist die symbolische Drohung, den Gegner zu entwürdigen und moralisch zu vernichten. Es ist viel Wissen um die Magie der Treppe in *Albrecht Schaeffers* Buch „Elli oder die sieben Treppen". Wer um die Magie der Treppe weiß, fühlt einen leisen Schauder, wenn er eine Treppe hinauf- oder hinabsteigen soll. Die neurotische Furcht vor der Treppe ist magisch begründet..." (*Yori*: Ur We We. Berlin 1932).

Stufen des Abstiegs sind:

- Emanzipation des Alltäglichen vom Ewigen (Bindungsverlust).
- Versiegen der Zwiesprache mit Gott.
- Durchwucherung des Alltags mit entedelter Seelenspeise (Presse, illustrierte Zeitungen, Kriminalromane).
- Gleichgültigkeit gegen die Speise des Leibes.
- Reizmittelgebrauch.
- Freiheitseinbuße.
- Blindes Dahinleben.
- Resignation.

Stufen des Aufstiegs dagegen:

- Das Alltägliche sub specie aeternitatis leben.
- Leben als Antwort.
- Verzicht auf „Zerstreuendes".
- Bewusste Kostgestaltung.

•Wiederfindung der Eigenschwingung des Organismus.
•Radikales Sich-Freimachen vom Zwang der (chem.) Fremdkräfte.
•Bewusste Erfüllung der Stunden: jeder Stunde das ihre geben!
•Wissen: Ideale sind Provokationen des Realismus!

*

IX.

DER HOLUNDER ERBLÜHT...

Wir haben das Erwachen in einem ätherischen Leibe zart zu erfahren begonnen. Ein Wort des Täufers Johannes gilt von diesem Leibe: „Jener muss wachsen, ich aber schwinden!“ Und ein weiteres Johannes-Wort: „Ändert Euren Sinn!“, und ein drittes: „Das Himmelreich ist nahe herbeigekommen.“

Damit, dass wir am Wachstum, an der Bewusstwerdung und Erstarkung unserer ätherischen Organisation arbeiten, damit, dass wir uns auf diese Weise einen neuen Sinn erschließen, ist eine höhere Welt nahe herbeigekommen.

Und eine neue Zeit hebt für uns an: Die Johanniszeit.

Zur Johanniszeit aber steht der Holunder in Blüte. Wir erleben die Holunder-Werdung. Das Ändern des Sinnes. Die Umkehr.

Welche Umkehr? Es nährt sich der Baum aus den Kräften der Erde. Seine Nahrungsaufnahme findet drunten statt. Nach oben, ins Licht, reckt er die Blüten, die Organe seiner weißen, reinen Geschlechtlichkeit. Umgekehrt der Mensch: Er nimmt seine Nahrung droben auf, im Kopfgebiet, während er seine Sexualität nach unten, erdwärts, richtet.

Wir erleben die Holunder-Werdung, die Umkehr, wenn wir im ätherischen Leibe erwachen: „...geistig und in bezug auf den Ätherleib ist der Mensch wie die Pflanze orientiert... Von der Erde gehen von unten in diesen Ätherleib mächtige Elementarkräfte hinein, die dessen fluidalen Stoffaufbau bewirken. Aber von oben empfängt der Mensch die Mutterkräfte des oberen Kosmos, die in der Nähe des Kopfes ein wunderbares Organ gestalten, in dem sich Seele und Geist vermählen.“ *(Dr. med. F. Schwab)*

Wenn dieses Organ sich im ätherischen Leibe entfaltet, leuchtet der Heiligenschein auf. Der alte Adam schwindet, der neue Mensch beginnt zu wirken.

Der Holunder erblüht...

Wenn wir uns nachfolgend mit den „Blüten“ des Holunders, mit den „Rosen am Kreuz“ beschäftigen wollen, so muss sich der Leser zu allererst darüber klar sein, dass ein jedes Organ ins Leben gerufen wird von denjenigen Mächten der höheren Welt, zu deren Wahrnehmung es dient. *Goethe* wusste das: Das Auge ist, nach seinem berühmten Wort, sonnenhaft, sonnengezeugt, und nur deshalb kann es die Sonne erblicken.

Gleiches gilt von den Wahrnehmungsorganen des Ätherleibes. „Die heutige materialistische Anschauung kann sich nur noch die Wirksamkeit physischer Organe als Basis geistiger Prozesse denken, es fällt ihr schwer, sich umgekehrt die Evolution und Modellierung physischer Organe aus geistig-übersinnlichen Kräftewirkungen vorzustellen. Der Intellekt hält sich eben für ein Produkt der Materie, er kann den Primat des Geistigen nicht einmal mehr verstandesmäßig erfassen."

(Dr. Guenther Wachsmuth)

Durch Meditation wird sich der Mensch derjenigen Wahrnehmungsorgane seines ätherischen Leibes bewusst, die er auf dem Wege zur Wiedergeburt entwickelt. Mit diesem Stadium, das uns jetzt beschäftigt, steht er in der Johanniszeit. Der Holunder erblüht. Die Sonne wendet sich – sie wendet sich gen Weihnacht, da das Erlöserkind in die Wirklichkeit tritt. Die Johanniszeit ist die Zeit der Umkehr, was in bezug auf den Ätherleib wörtlich genommen werden soll, indem der Übende durch Bewusstwerdung des Ätherleibes die oben geschilderte Umkehrung der Leibespole, die „Umstellung der Lichter", erlebt. Die Weihnachtszeit ist das Ziel: Die Wiedergeburt des Christus in uns. So stellt dieser Weg die „Entsprechung" dessen im Mikrokosmos, im Menschen dar, was mit der Christustat im Makrokosmos geschah. Bei der Schilderung der „Blüten" am Holunderbaum, der „Rosen am Kreuz", der „Lotoszentren" oder „Chakras" – um nur einige der Namen zu nennen, die diesen Erkenntnisorganen von den verschiedenen Kulturkreisen gegeben wurden – folge ich großenteils der zusammenfassenden Darstellung, die *Dr. med. F. Schwab* in mehreren Arbeiten von klassischer Klarheit gegeben hat.

Im ätherischen Organismus befinden sich sieben große und bedeutsame Wirbelgebilde, die von denen, die sie wahrnehmen, als sich drehende Räder von blütenhaftem Habitus erlebt und geschaut werden

(Chakra = indisch: Rad). Zwei Kräfteströme fließen von entgegengesetzten Polen her diesen Wirbelgebilden zu: Von droben die siderischen, kosmischen Einflüsse und Mächte, insbesondere die der Sonne, von unten die Erdkräfte, das „Schlangenfeuer" im Sinne unserer altarischen Ahnen am Ganges. In diesen „Blüten" des Holunders spielt sich also eine intime kosmische Geschlechtlichkeit ab, die Hochzeit des Oben und Unten – wie die Blüten der Pflanzen ihr Sternen-Abbild aus den Kräften der Erde erbauen und es den Insekten, den Wesen der höheren Licht- und Ätherwelt, darbieten.

Sieben große „Lotoszentren"[1] besitzt der Mensch im Ätherleibe: Das tausendblättrige Scheitel-Chakra (den „Heiligenschein"); das zweiteilige, hundertblättrige Stirn-Chakra (das wir von den Buddha-Statuen her kennen); das sechzehnblättrige Hals-; das zwölfblättrige Herz-; das zehnblättrige Magengruben-; das sechsblättrige Nabel- und das vierblättrige Sakral-Chakra am unteren Ende der Wirbelsäule.

Es ist hier nicht der Ort, eine feinstoffliche Physiologie dieser Zentren zu geben. Hervorragende Forscher haben das getan und die wissenden Völker der Vorzeit und der Gegenwart haben immer wieder die Chakras abgebildet und beschrieben. Wen das interessiert, der lese neben *Dr. Schwabs* gewichtigen Arbeiten in *Dr. Wachsmuths* Werk „Bilder und Beiträge zur Mysterien- und Geistesgeschichte der Menschheit" das Kapitel „Die übersinnlichen Organe des Menschen im Orient und Okzident". Wen es nicht interessiert, der bringe wenigstens die Ehrfurcht auf, das wagnisvoll errungene Wissen erwachter Menschen aus allen Zeiten und Zonen nicht mit den Argumenten des Blinden gegen die Farbe abzutun.

Die Chakras als funktionelle Zentren des ätherischen Organismus sind auch für den physischen Leib von lebenserhaltender Bedeutung. Auch der unentwickelte Alltagsmensch besitzt sie, aber bei ihm schwelen und glühen diese Organe dunkel und dumpf, während sie bei dem, der sie zum Erblühen bringt, in leuchtenden Farben strahlen – was beides natürlich nicht mit leiblichen Augen wahrgenommen wird, sondern mit der gleichen Art inneren Schauens, mit der etwa *Dante Alighieri*

---

[1] Die „Kelche" dieser Lotosblüten ragen in den astralen Organismus hinein.

im Empyreum das „Seraphsrad der großen Liebe“ erkennt. Die ersten Wahrnehmungen solcher Art schildert Goethe mit den Worten, die sich auf das Stirn-Chakra beziehen: „Mein ganzes Wesen drängt sich zwischen den Augenbrauen zusammen.“

Der Ätherleib ist mit seinen „Lotoszentren“ der Vermittler seelischen Empfindens und Erlebens zur körperlichen Ausdrucksmöglichkeit hin, womit er nach einem Ausspruch des *Novalis* das Außen zu einem in Geheimniszustand erhobenen Innen macht. Aus den Blüten des Holunders aber baut sich auch der neue, unverwesliche Mensch auf.

Im Gegensatz zu den alten Völkern des Ostens, deren Sein bestimmt wurde vom „Erlebnispol“ im Sinne des Weimarer Neurologen *Armin Müller*, entwickelt der westliche Mensch, dessen „Erkenntnispol“ bestimmend wurde, die Chakras von oben nach unten. Eine solche Entwicklung – die sich auch dann anbahnt, wenn wir ihr nicht bewusst zu Hilfe kommen, die in diesem Falle aber leicht in Krankhaftes abgleitet – greift auch tief ins physische Körpergeschehen ein, denn „die Chakras speisen die sympathischen Ganglien“ *(Schwab)*. Zunächst jedoch werden sie selbst gespeist vom Geschehen in der Überwelt.

Erleben des Göttlichen entwickelt das Scheitel-Chakra.

Das Stirn-Zentrum blüht auf in der schauenden Wahrnehmung der Schätze, die nicht von Motten und Rost gefressen werden. Mit der „Erweckung des inneren Wortes“ geht die Entfaltung des Kehlkopf-Chakras parallel. Die reine Liebeskraft lässt das Herz-Charka erblühen. Mit der „Natursichtigkeit“ im Sinne von Dacqué bildet sich das Chakra in der Magengrube aus. Nabel- und Sakral-Chakra stehen zu magischen Wurzelkräften in Beziehung, die für den Menschen unserer Zeit und Zone nur im Licht des „Erkenntnispols“ gefahrlos zu erwecken sind.

Wir richten unsere meditative Aufmerksamkeit, wenn wir bewusst mitarbeiten am Erblühen des Holunders, wenn wir die „hellen Nächte“ der Johanniszeit wachsam nützen, zu allererst auf den Punkt zwischen den Augenbrauen, den Stirn-Lotos, das Konzentrationszentrums des

Ostens und Westens. Dazu gehört, dass wir im Alltagsleben beginnen, auch das Kleinste „sub specie aeternitatis", im Lichte der Ewigkeit zu sehen und zu tun. Das ganze Innenleben sei auf die Allgegenwart des Göttlichen gerichtet. Die „Sinnesänderung" der Johannes-Predigt verwirkliche sich.

In schweigender Meditation werde der Stirn-Lotos erlebt. Nicht „imaginiert" soll er werden, sondern wach und konzentriert beobachtet. An seiner Entfaltung arbeitet das in immer höherem Maße sakramental werdende Alltagsleben und die Pflege der Abyssus-Meditation, an seiner Bewusstwerdung jedoch muss die wachsam beobachtende, wahrnehmungswillige Versenkung arbeiten. Nicht „hysterische Brandblasen im Ätherleib" sollen erzeugt werden, wie *Dr. Fritz Quade* einmal treffend zu mir sagte, sondern es soll Bewusstseinslicht fallen auf das Johannisnacht-Wunder der ersten Blütenentfaltung des Holunderbaums.

In gleicher Weise werden nach und nach, von oben nach unten, die übrigen Blüten in ihrer Entfaltung wahrzunehmen gesucht, wobei das Scheitel-Chakra, der „Heiligenschein", einstweilen beiseite gelassen wird, denn seine Erstarkung zu dem Gotteslicht des Pfingstwunders, seine Ausbildung zur „Krone des Lebens" wird erst dem Vollendeten am Ziel verliehen, wie alle heiligen Schriften es verheißen.

Einzelnes anzugeben erübrigt sich um so mehr, als mit dem Erstarken und Leuchten des Stirn-Chakras so viel Licht auf den Weg fällt, dass jeder Erwachende nunmehr selbständig weiterzutasten vermag, bis er wissende Führung um sich weiß. Nie kann ein Buch lehren, was dann zu geschehen hat, aber nach weltenalten geistigen Wachstums- und Entwicklungsgesetzen kommt der Holunderbaum zu voller Blüte, solange die Sonne Gottes auf ihn scheint.

Seine Kraft jedoch muss er aus der Erde holen, aus dem Gotteslicht sakramental werdenden Sinnesleben. „Die Kraft, die einfließt in das alltägliche genießende Leben, wird in diesem nicht ganz erschöpft, es bleibt ein Rest, der aufgenommen werden soll und zur Vergeistigung dient. Wer das versäumt, hat umsonst gelebt" *(Schwab)*. *Plato* gibt uns dazu ein Gleichnis, das, bildgeworden, im siebenten Arkanum des Tarot wiederkehrt: Zwei Rosse ziehen den Wagen des Lebens, den das höhere Selbst lenkt, ein weißes zahmes und ein schwarzes wildes. Lässt der Lenker die Zügel locker, so gewinnt im Nu das wilde schwarze Ross die Oberhand und zerrt den Wagen, wohin es ihm beliebt – der Fall des von seinen Leidenschaften beherrschten Alltagsmenschen. Man kann auch das schwarze Ross abhalftern und mit dem weißen allein fahren, aber dann fährt man mit halber Kraft – der Fall des Asketen. Richtig ist es, das schwarze Ross zu zügeln und zu zähmen, es jedoch mitziehen zu lassen den „Triumphwagen" (Arkanum sieben des Tarot), der nunmehr dem Lenker selbst gehorcht und ihn ans Ziel bringt.

Das „Schlangenfeuer", das unbeherrscht dem schwarzen Ross gleicht, ist die Erdkraft, die *Dr. Schwab*, als „aktive Feuerkraft und Träger einer ganz enormen Wunsch-Energie" kennzeichnet. Ohne sie keine Sexualität, keine Zeugungs- und Gebärfähigkeit. Beim unerweckten Menschen „schlummert die Kundalini", ruht in der Sakralregion der Wirbelsäule das „Schlangenfeuer" und gibt lediglich das lebenserhaltend und lebensanfachend Notwendige an den Organismus ab. Nur im Halbschlaf des Entschlummerns und Erwachens entsteht alltäglich ein Bewusstseinszustand im Menschen, der ihn dem „Schlangenfeuer" nahebringt (man denke auch an das Anschwellen der sexuellen Libido zu diesen Zeiten).

Dr. Schwab ist den kosmischen Beziehungen dieses Kräftespiels mit naturforscherischer Genialität und hoher Inspiration nachgegangen und hat gezeigt, dass nach Sonnenuntergang, im Schlaf, unser Bewusstsein ebenfalls „seinen Sonnensitz verlässt" und zum Traumbewusstsein wird, das sich der Bauchganglien als physischen Sitzes bedient. Dieses Traumbewusstsein korrespondiert mit der Mondsphäre und erreicht mit dem Vollmond seine stärkste Entfaltung. Mit dem Neumond jedoch erstarkt das „Schlangenfeuer", die Erdenkraft bringt uns der Dämonenwelt näher denn sonst. Auch tageszeitlich sind kosmische Rhythmen mächtig, die Geisteswelt waltet in der Frühe stärker über uns als gegen Abend, wo wir tiefer in die Erdenwelt hinein geraten – aus welchem Grunde eine Morgenmeditation uns alltäglich mit der geistigen Welt verbinden sollte, während wir abends, um den Kontakt zu ihr nicht zu verlieren, von der Erde fort ins gestirnte All blicken müssen (Abyssus-Übung).

Wie sich Antäus seine Kraft durch Berührung der Gäa, der Erde, der schwarzen Mutter, holte, so holt auch der blühende Holunder seine Kraft dorther. Aber er führt diese Kraft den Blüten zu, die ein Spiegelbild der Sternenwelt sind mit all den kleinen Sternen ihrer Dolden.

In anderer Sprache ausgedrückt: Auch das Alltags-, das Sinnenleben baut am Ätherleibe, jedoch nur, wenn wir es unter Ewigkeitsaspekt sehen und vollenden. Und wiederum in anderer Sprache: Kundalini muss das Licht des Stirn-Lotos nähren, dann erst geschieht Sein Wille: wie im Himmel, also auch auf Erden.

*

X.

GEN WEIHNACHT

Zur Sommer-Sonnenwende, als die Sonne am höchsten stand, erblühte der Holunder. Was jetzt geschieht, bis sich die Winter-Sonnenwende ereignet, ist Licht-Schwinden und Licht-Wachstum zugleich.

Es schwindet das Außenlicht, es wächst das Innenlicht.

Dieses Stadium auf dem Wege zur Wiedergeburt wird „devastatio“ genannt. In neuerer Zeit hat kein Geist es mit einer solchen Intensität durchlebt wie *August Strindberg*. Seine Bücher „Inferno Legenden“, „Einsam“ und „Nach Damaskus“ berichten davon.

Der prangende Sommer wird allmählich durchschauert von fremdartigen Motiven. Mit dem ersten Blatt, das niedersinkt, ist Hauch des Todes nahe. Hauch des unabweisbaren Todes. Fluchten ins Außenlicht sind sinnlos, denn das Außenlicht schwindet dem Flüchtling dahin.

Mit jedem Schatten, der sich über die Landschaft breitet, mit jedem Fahlwerden der Farbenwelt, beginnt die Heimatlosigkeit zum Erlebnis zu werden. Man hat „devastatio“ mit „Abödung“ verdeutscht. Die Erscheinungswelt ödet ab. Das, was wir als Heimat wähnten, enthüllt sich in fahler Vergänglichkeit.

Jedem, der um Wiedergeburt ringt, werden solche Stunden, oft Jahre zuteil. Wer sie nicht als mystisches Stadium erkennt, schwebt in zwei Gefahren: Die eine, panisch zurückzufliehen ins Banale und von dort her Warnungen auszuschreien vor „Weltentfremdung“. Die andere, steckenzubleiben in den Bereichen der „devastatio“ und eine Wollust aus ihr zu machen.

Letzteres kommt nicht selten vor. Auch dafür gibt *Strindberg* Beispiele in seinem selbstbiographischen Buch „Sohn einer Magd“, wo er die dumpfe, unfrohe, lebensfeindlich-selbstgerechte Atmosphäre gewisser Pietistenzirkel schildert. Aus Wüsten w a n d e r u n g ist in solchen Kreisen Wüsten w o l l u s t geworden.

In Wahrheit aber wird die Erscheinungswelt fahl und öd, um transparent zu werden für das Innenlicht. Der Sinn der Sommer-Sonnenwende ist, nunmehr das Erdenschicksal gen Weihnacht zu führen. Mit dem Dunklerwerden hellt sich die Innenschau auf.

Zuerst wird dem, der die Segnungen esoterischer Wesensvertiefung im Alltagsleben zu spüren begann, die Stunde des Ernstes unerwartet schlagen. Er beginnt, depressiv zu reagieren. Umkehren möchte er in den heiteren Tag des geistfernen Seins. Aber dieser Tag hat sich ihm versperrt. Dunkel breitet sich aus, die Nacht erstarkt.

Es sind Zeiten der Einkehr, die nun vor dem Wandernden liegen. Zeiten der Trübsal oft, zuweilen gar Zeiten der Verzweiflung. Werde ich je durch die Ödnis, die da vor mir liegt, dringen? Diese Frage stellt er sich vor jedem Entschluss, vor jeder Übung. Es gibt auf sie nur eine Antwort, die von *Carlyle* stammt: „Fangt an! Dadurch allein kann das Unmögliche möglich werden!"

Dies ist das Mantram für die „devastatio"-Zeit.

Denn an dieser ersten Klippe zu scheitern, wäre nicht wieder gutzumachen. Es muss dem Ringenden immer aufs neue gesagt werden: Wer hier das gläubige Vertrauen bewahrt, dem wird – von Drüben her – geholfen. Wer hier das Licht in sich hütet, dem wird es – von Drüben her – heller und heller entfacht. So weiß es die Jahrtausende alte mystische Erfahrung. Es ist ratsam, über Zeugnisse dieser Erfahrung zu meditieren, etwa über *Gerhard Tersteegens* Mahnung:

„Mensch, zärtle doch nicht lang mit deinem Fleisch und Blut;
brich durch die erste Stund; fass einen Heldenmut;
was du nicht kannst, kann Gott: die Ewigkeit kommt an;
denk an das bittre Wort: Ach, hätt ich's doch getan!"

Wie nun aber schauen die Ergebnisse solcher Hilfe aus? Es ist recht eigentlich eine Geburtshilfe. Der neue Mensch, dessen Zeugung und Werdung wir erlebten, beginnt nunmehr weltwirksam zu werden. Wir aber sind ihm noch nicht gewachsen.

Das ist so zu verstehen: Unser innerstes, edelstes Blut ist ihm zugeflossen. Wir begannen, in ihn hineinzusterben. Während er, im Besitz feinster Organe, sich vorbereitet auf sein Leben, spüren wir zunächst nur das Sterben um seinetwillen. Und mit diesem Tode unseres niederen Menschen stirbt auch dessen Welt dahin: Das Außendunkel wächst von Tag zu Tag, der Sommer welkt, die Nebel verwischen das einst lachende Gelände.

So wie uns das Jahr mit der Neigung zu Herbst und Winter hin zwingt, eine gewisse Verinnerlichung Wirklichkeit werden zu lassen, zwingt uns auch die „devastatio", fortzublicken vom einst Wertgeschätzten und die Augen aufzuheben zu den Bergen, von welchen uns Hilfe kommt.

Das kann schon im ganz äußeren Lebenslauf geschehen, denn gerade in diesem Stadium wenden sich die Menschen mit echtester Inbrunst dem kultischen Leben zu. Schon in einem früheren Kapitel wurde gesagt, dass es abwegig ist, die Bemühungen kirchlich kultischer Gemeinschaften um Hilfeleistung auf dem Wege zur Wiedergeburt zu missachten. Hier sei ein Wort hinzugefügt über die Bedeutung des Gottesdienstes für die Esoteriker:

Über die Gottesdienste auf Erden wacht ein himmlisches Hüterheer. Es gibt Gottesdienst-Formen von kosmischer Weite und solche von irdischer Enge. Es gibt aber keine Gottesdienste, in denen abwesend ist, was zu Gott hingeleiten kann. Selbst die engste Form ermöglicht es dem ernsthaft Strebenden stets noch, sie zu erfüllen mit Licht des wahren Lebens. Kultische Gottesdienste von kosmischer Weite hingegen vermögen oft selbst dem noch Licht zu schenken, der zu schwach ist, sich hingebungsvoll zu öffnen. „Was du nicht kannst, kann Gott: die Ewigkeit kommt an..."

Um Sinn und Ziel des Weltenwerdens ahnend ertasten zu können, müssen wir uns (zunächst) die Frage stellen: Was kann ein Gott – und wäre er mit allen Attributen grenzenloser Allmacht ausgestattet – sich selber *nicht* geben?

„Gott ist die Liebe", lehren die Hochreligionen der Menschheit. Liebe, die sich als solche darleben will, benötigt ein Du. Ein Gott der Liebe bedarf des Du einer Schöpfung.

Wäre dieses Du von ihm marionettenhaft abhängig, wäre es ihm kismetartig unterworfen, so könnte er nie die Hinwendung seiner Geschöpfe in *Freiheit* zu ihm erleben. Er musste ins Du seiner Schöpfung Keimsubstanz der Freiheit senken – er musste die Möglichkeit, ja die

Wahrscheinlichkeit des verlorenen Sohnes wagen –, um den einzigen Wert außerhalb seiner Allmacht finden zu können, den er, der Gott, braucht, *weil* er die Liebe ist: Freie Heimkehr freier Geister zu ihm, dem Liebenden.

Was das innere und allerpersönlichste Leben dessen betrifft, der ins „devastatio"-Stadium geraten ist, kann am besten mit dem Schlagwort „Gang in die Stille" bezeichnet werden. Wenn es ihm gelingt, über das Sterben der Erscheinungswelt hinwegzulauschen, vernimmt er von fern Adventsglockenklänge.

Aber zwischen Sommer-Sonnenwende und Advent steht das Michaelisfest. Es gilt auch mitten im Dunkelwerden, mitten auf dem Wege gen Weihnacht noch, Ritter zwischen Tod und Teufel zu sein.

Der Übende, Ringende gerät ja niemals aus der Interessenssphäre des Widersachers heraus. Klüger als wir ist der Versucher, das müssen wir immer wissen. Er passt seine Maßnahmen, uns abzubringen vom Ziel der Wiedergeburt, dem jeweiligen Stadium unserer Entwicklung an. Der Drache ist mächtig auch in der Stille, in die wir gegangen sind.

Der Drache? Wurde nicht das Erdenfeuer, das in der Lendenregion etwa in unseren Ätherleib eindringt, von der alten Esoterik als Schlange oder Drache geschaut? Dieser Drache regt sich besonders stark, wenn wir tiefer eingedrungen sind in das mystische Stadium der Stille. Nicht etwa als Sexualität regt er sich, sondern als Dunkelmacht gewaltigen, kosmischen Ausmaßes. Die Dämonenwelt tut sich auf. St. Antonius wird in der Wüste von den Dämonen versucht.

Wir wären zu schwach, wir wären dem Erdenfeuer ausgeliefert, wenn nicht Michael käme, der Drachenbezwinger!

Dieses Ereignis spiegelt sich im alltäglichen Leben dadurch, dass jeder in die Stille Gegangene, wenn er wach und wahrhaftig bleibt, nunmehr einen Lehrer findet, der ihm über Klippen hinweghilft, die nur der Erfahrene kennen kann. Die esoterische Literatur aller Zeiten berichtet immer wieder von solcher Fügung: Ist der Erwachende weit genug vorgedrungen, stellt sich auch der Meister ein.

Wie das Schiff den Lotsen benötigt, der es durch genaue Kenntnis der Untiefen und Riffe vorm Auflaufen bewahrt und sicher zum Hafen führt, so benötigt der fortschreitende Esoteriker den persönlichen Führer. Ihn zu suchen, ist zwecklos – sich für ihn bereit zu machen hingegen, zieht ihn herbei.

Von seinem Erscheinen mag das Urteil abhängig gemacht werden, ob man schon mit rechtem Ernst „unentwegt“ war. Aber auch ihm gegenüber gilt, was bereits mehrfach gesagt wurde: Wachsein ist not, um ihn wahrhaft als Michaels-Gesandten zu erkennen. Tröstlich mag sein, dass der, dem sein Lehrer begegnet, in der Regel Einblick genug in die Struktur der Geisteswelt erworben haben dürfte, um erkenntnisbefähigt zu beurteilen, wer da vor ihm steht.

Mit dem Passieren dieser Michaels-Schwelle – wenn man es so nennen darf, da Hilfe auf dem Weg uns ja durch Michael vermittelt wird – rüttelt etwas an uns, ertönt eine Art Streitruf wider Tod und Teufel, aber dieser Ruf ergeht... nach Innen hin. Die Phase der „devastatio“ schreitet zunächst noch fort, gebiert aber im Dunklerwerden ihr eigenes Licht. Advent heißt die Zeit, wo dieses Lichtes erste, zarte Wirkungen wahrnehmbar werden.

...bis die Stunde kommt, da die Erscheinungswelt von solchem Innenlicht tief durchleuchtet und somit keine bloße Erscheinungswelt mehr ist. Die Geburtsstunde dessen, der dem Welt-Erlöser entspricht, ereignet sich. Das Außendunkel hat Höhepunkt und Wende erfahren: Winter-Sonnenwende; Weihnacht.

Weihnacht ist Überwindung der Erde und Ja zur Erde in einem. Überwindung, da das, was nicht irdisch ist an uns, geboren wird. Ja zur Erde, da der neue Mensch, der Wiedergeborene, mit neuen Augen zu sehen imstande ist und die alte Erde in neuem Licht sieht: als Pflanzschule der Geister, wie Goethe es nannte. Alles, was es ehedem gab und was während der „devastatio“ abödete, verblasste, das kehrt jetzt wieder – das Außenlicht wächst aufs neue. Jedoch von den Trieben (Ochs und Esel im Stalle zu Bethlehem) bis zu den hohen Weisheiten und Erleuchtungen (die Adeptenkönige aus dem Morgenland) ist jedes Sein und Geschehen in andere Zusammenhänge gerückt, auf eine andere Ebene gehoben. Im Sinne *Swedenborgs* gilt nunmehr die Welt im Außenlicht als „Entsprechung“ der Welt im Innenlicht: wie im Himmel, also auch auf Erden!

Als der Ewige in uns geboren wurde, musste es ins Herz hinein geschehen: die Krippe! Alle Außenwelt war fremd geworden, es war kein Raum in der Herberge. Mit seiner Geburt jedoch ist alle Fremde Heimat geworden, alles Irdische bietet sich dar als erlösungshungrig, als verklärbar. Und aus dem Bewusstsein des Ewigen heraus können wir zustimmen, wenn Himmelsheere ihr „Fürchtet euch nicht!“ verkünden.

Mag man – verführt vom europäischen Drang des Rubrizierens – das, was bis hierhin geschah, Mystik nennen, so heißt das, was mit dem Erstarken des Außenlichtes jenseits der Wiedergeburt beginnt, Magie.

Der Sternenbaum der heiligen Nacht, der Weihnachtsbaum, ist ja das Universum selber. Er stellt den Überwinder und Vollender des Holunders dar, denn wenn dieser kahl und öd im Dunkel steht – Höhepunkt der „devastatio“ –, leuchtet jener tausendflammig durch die bethlehemitische Nacht wahrer Menschwerdung.

Dies ist das Geheimnis der Sommer- und Winter-Sonnenwende, der Johannis- und der Weih-Nacht. Beide gehören zusammen, und beider tiefstes Mysterium ist, dass in der Geburtsstunde des neuen Menschen aus dem Sambucus Magnus im Weihnachtsbaum ein Sambucus Magus wurde. Die Sternendolden haben sich bis in den Himmel erhoben, während der Erdenleib im dunklen Winter darbt; dieser Kulminationspunkt birgt aber bereits die Wende in sich, denn Himmelskräfte rufen neues Leben in Stamm und Zweige des Baumes drunten hinein, der jetzt in nie gekannter Weise den Sommer der Erscheinungswelt zu bejahen beginnt mit Hilfe der im Winter des Erdendunkels erworbenen Sichtigkeit. Zwei Sonnen werden in kommenden Jahren steigen und sinken: Die Erden- und die Christus-Sonne. Zeit und Ewigkeit haben ihre Lichter vertauscht.

*

XI.

AUFERSTEHUNG

> „Nicht, dass ich's schon ergriffen habe, oder schon vollkommen sei; ich jage ihm aber nach, ob ich's auch ergreifen möchte, nach dem ich von Christo Jesu ergriffen bin."
>
> (Philipper 3, 12)

Leben mit dem Ziel der Wiedergeburt ist Arbeit an der eigenen Auferstehung. Arbeit an der eigenen Auferstehung ist Dienst an der Wiedergeburt der Erde. Dienst an der Wiedergeburt der Erde ist Wille zum Werkzeug der Christus-Tat.

Zwei Stadien kennt dieser Weg: Mystik und Magie.

Mystik löscht die Außenwelt fort und gibt sich dem Innenlicht hin.

Magie strahlt das Innenlicht durch alle Außenwelt hindurch.

Mystik erlöst das Selbst von der Verstrickung an die Welt. Mystik ist in bestem Sinne Selbst-Erlösung.

Magie erlöst die Welt mit Hilfe des Innenlichtes. Magie zielt auf Welt-Erlösung.

Es gibt Vor-Formen beider Wege: Eine primitive Mystik des Verströmens in Einzelheiten der Erscheinungswelt, eine weltgerichtete Mystik. Und eine atavistische Magie des okkulten Freibeutertums, ein Sichbemächtigen erscheinungsweltlicher Einzeldinge.

Der wahre Weg zur Wiedergeburt fordert Mystik als erste, Magie als daraus resultierende zweite Verwirklichung. Erst der Lichtgewordene kann Licht spenden. Erst der Wiedergeborene kann erwecken.

Der Gang in die Stille, der Weg nach Innen – das ist der mystische Teil des Pfades. Die Heimkehr ins Leben, das Heilwollen und Heilwirken – das ist der magische Teil.

Öffnet die Mystik Ausgänge aus Welt und inkarniertem Leben, so öffnet die Magie Einbruchspforten, durch die Metaphysisches gelenkt und weltwirksam wird. Ist die Mystik dem Tode (dem „Entwerden") zugeneigt, hat sie Exkarnationstendenzen, ja sie ist im besten Sinne des Wortes buchstäblich „Euthanasie", die Kunst nämlich, selig zu sterben auch schon mitten im Leben – und alle Mystiker klagen ja, dass sie immer wieder aus ihren Entrückungen zurück ins Alltägliche gleiten müssen –, so zielt die Magie auf Geburten, auf Neubeginn, auf irdisches Wirksamwerden ehedem noch „ungebundener" Kräfte hin. Der *Buddha* lehrt seine Gefolgsleute, sie dürfen keine neuen „Haftungen" mehr aufkommen lassen: dasselbe, was lateinische Weisheit mit der Lebensregel „Principiis obsta!", „Hüte dich vor den Anfängen!!" meint. Dem Magier ist das Setzen eines neuen Anfangs wichtig: Wo er wirkt, wird ein „Initium" (ein Anfang okkulter Folgen) geschaffen, es kommt „Initiation" zustande, ein Wort, welches man gemeinhin mit „Einweihung" übersetzt, jedoch besser mit „Wirkenkönnen aus erster Hand" übersetzen sollte.

Der magische Mensch ist also ein okkulter Aktivist, sein Anliegen wird stets durch das der Alchymie symbolisiert: Verwandlung des Gegebenen mit okkulten Methoden.

Die immer wiederkehrende Begriffszusammenstellung „Magie und Mystik" erweist sich – zumindest in dieser Reihenfolge – als unsinnig. Zwar bedarf die Magie in etwa derselben Weise der Mystik, wie das wache Leben des Schlafes bedarf: mittels mystischer Methoden wird die metaphysische Realität aufgesucht, so wie mittels des Schlafes der durch die Seele und Geist unbeirrte, brütende Bios aufgesucht wird. Wer aber nicht aus dem brütenden Bios erwachend heimkehrte in die Welt des durchlichteten Bewusstseins, der würde sein Menschentum verlieren (welches sich ja im Bios lediglich stärkt, aber wesensmäßig weit mehr ist als nur Bios); wer die mystische Entrückung zum Selbstzweck macht, der bringt aus dem Reich des Metaphysisch-Realen keinen Gewinn ins Weltensein, sondern erzielt Narkosen mit unerwünschtem Erwachen. Die Reihenfolge „Mystik und Magie" kann also eine sinnvolle Koppelung beider Begriffe beinhalten; zunächst mystische Praxis als Aufsuchen des Quellgrundes, alsdann magische Tat.

Der Drehpunkt, an dem Innenziel- und Außenziel-Wanderung ineinander übergehen, ist die Christus-Stunde. Ohne Christus keine Auferstehung. Das weiß auch der nichtchristliche Osten: Hohe Yogis Nordindiens berühren die Christus-Sphäre, bevor sie sich der Welt als Meister zurückschenken. Der kosmische Christus ist in seiner Allgegenwart Herr der Vollendungswelten, die sich dem offenbaren, der zu ihnen hindringt in esoterischem Ringen.

Aber die Menschwerdung Christi war Ausdruck des göttlichen Willens zur Erden-Verklärung, „dass auch sie einst Sonne werde“ *(Christian Morgenstern)*. Auferstehung der Erde, dies ist das höchste, weißmagische Ziel.

Damit entkräften sich selbst die Argumente derer, die im Sinnendunkel verharren wollen: Mystik und Magie seien Wege zur Weltentfremdung und Selbstgenügsamkeit. Im Gegenteil sind Drang zur Weltdurchlichtung und Selbsthingabe an höchste Erdenziele Kennzeichen echter Esoterik.

Ein solcher Drang setzt sich um in unermüdliche Arbeit.

Der Philosoph spekuliert, der Esoteriker schafft. Er schafft nach dem uralten, spagyrischen Imperativ: „Löse und binde!“ Wie er es an sich selbst erfuhr, verwirklicht er es an allem, was sich seiner Arbeit darbietet: Zuerst wird das Ewige (Quinta Essentia *Paracelsi*) „gelöst“, bis nur als „Caput mortuum“ der „Erdenrest, zu tragen peinlich“ *(Goethe)* zurückbleibt, sodann wird das freigewordene Licht aufs neue an die Erscheinung „gebunden“, und alles Vergängliche offenbart sich als Gleichnis, indem nunmehr Weltliches transparent wurde für Göttliches. Die Sonne in der Erde leuchtet. Die Erde aufersteht im Sonnen-Sein.

Im Sonnen-Sein muss aber Heimatrecht erworben haben, wer solche Alchymie beherrschen will. Im Sonnen-Sein offenbart der Christus-Logos sein „Ich bin!“. Nur aus dem wahrhaftigen „Ich bin!“ heraus ist die Wandlung des zeitlichen in ein ewiges Leben möglich. In diesem Sinne muss immer neu das Leben hingegeben werden um des Seins willen, auf dass im Sein auferstehe – das Leben.

Dmitri Mereschkowski, der Dichter und Prophet, hat für dieses Auferstehungs-Mysterium Worte gefunden, die den Wurzelgrund des großen Holunderbaums hell übersonnen:

„Wenn ich nur deshalb bin, weil ich lebe, so bin ich das unglücklichste aller Geschöpfe: diese wissen wenigstens nicht, dass mit dem Ende des Lebens für sie das Ende des Seins beginnt, ich aber weiß es. Dagegen: wenn ich lebe, weil ich bin, und wenn ich weiß, dass mit dem Ende des Lebens für mich das Sein beginnt, so bin ich das seligste aller Geschöpfe, denn jene wissen auch dieses nicht, ich aber weiß es."

*

XII.

MEDITATIONEN UND GEBETE

Meditations- und Gebetszusammenstellungen wie die nachfolgenden werden stets von einer gewissen Subjektivität sein. Auch hier handelt es sich keineswegs um den Versuch, etwas schlechthin Gültiges oder gar Lückenloses zu geben. Statt dessen aber erhebt diese Auswahl den Anspruch, in dem, was sie bringt, nur Bewährtes, Erprobtes und Echtes zu bieten.

Fast jedes Wort des Neuen Testamentes kann einer Meditation zugrunde gelegt werden. Ein Gebet wie das Vaterunser ist in einem einzigen Erdenleben kaum ausschöpfbar. Was es dem Menschen unserer Zeit zu bescheren vermag, vom Erdengeschick bis zur Bewusstwerdung erhabenster Heiligkeits-Welten, zeigt das unvergleichliche „Vaterunser"-Buch von *Friedrich Rittelmeyer*. So gibt es überall, in den Schriften und Zeugnissen Erweckter und Inspirierter, Material für Meditationen in Fülle. Aber auch Schiefes, Halbes, Falsches blitzt in der Literatur oft genug auf – faszinierend Formuliertes, das hinab- statt hinanzieht.

Um dem Suchenden eine zwar kleine, aber mit Sorgsamkeit und Verantwortungsbewusstsein ausgewählte Sammlung von Meditation und Gebeten in die Hand zu geben, wurde dieser Anhang geschaffen. Niemand braucht sich auf den Inhalt des Nachfolgenden einzuengen, aber niemand geht in die Irre, wenn er ihn in sich belebt.

Mit voller Absicht wurden nur Stimmen aus dem abendländischen Lebens- und Geistesraum erwählt. Nicht um der Lektüre, sondern um des Gebrauches willen wurden sie hier abgedruckt. Wer sich ihnen zuwendet, begibt sich bereits mitten in die esoterische Praxis hinein.

*

Hier wird jetzt zunächst die Zusammenstellung wiedergegeben, die Herbert Fritsche selbst für seine Erstauflage des Holunderbaums 1939 ausgewählt hatte. Im Anschluss erscheinen die zusätzlichen Gedichte und Sprüche, die späteren Ausgaben zugefügt worden sind: *Anmerk. W. Zachmann*

Das Gute ist bestimmt zu kommen, und selig der, durch den es kommt. Und auch das Böse ist bestimmt zu kommen, aber wehe dem, durch den es kommt.

Aus den *Clementinischen Homilien*

*

Du bist das Leuchtende in allem Licht. Du bist eine Blume über allen Kronen. Du bist ein Balsam über alle Wunden. Du bist ewige Treue ohne Trug. Du bist unser Wirt in allen Herbergen.

Mechthild von Magdeburg

*

Nun wohlan, edle Seele, bedenke dich selber, bedenke, welche Herrlichkeit du in dir trägst: bist du doch mit deiner Gottesebenbildlichkeit gewürdigt über die Herrlichkeit aller Kreaturen! Verschmäh das Kleine, denn zu Großem bist du geschaffen.

Meister Eckehart

*

Die Engel sind lautter und rein, darumb so seind sie erweckt, ohne allen Schlaff: Der Mensch hat den Leib, der schlafft, darumb so muss man ihn erwecken, auf dass er komm in die Weißheit der Engel.

Paracelsus

*

Christus außerhalb uns ist nichts nütze, sondern in uns ist er tröstlich und hilfreich und wirkt die neue Geburt.

Paracelsus

*

Willstu nicht vom Schlaffe aufwachen? Siehe es wird dir ein großes Zeichen gegeben, aber du schläfst und siehest nicht.

Jacob Böhme

*

O, dass du mich ganz entzündetest mit deiner Gegenwart, mich verbrenntest und in dich umwandeltest; dass ich mit dir ein Geist würde durch die Gnade der inneren Vereinigung und durch die Verschmelzung brennender Liebe! Lass mich nicht nüchtern und trocken von dir gehen, sondern handle mit mir barmherzig, wie du so oft mit deinen Heiligen wunderbar umgegangen bist. Was Wunder, wenn ich ganz und gar von dir entzündet mich selbst verzehrte, da du ein Feuer bist, das immer brennt und nie abnimmt, eine Liebe, die die Herzen reinigt und den Verstand erleuchtet.

Thomas a Kempis

*

Du sagst, es ist unmöglich, dass ein Mensch vollkommen ist wie Gott im Himmel. Höre, was er dir antwortet: „Was bei den Menschen unmöglich ist, das ist bei Gott möglich" (Luc. 18, 27). Zwar niemand kann etwas von sich selbst, aus eigener Kraft; aber er kann es mit Gottes Hilfe, wie Paulus sagt: „Ich vermag alles durch den, der mich mächtig macht, Christus" (Phil. 4, 13). Wenn wir also nicht solche Christen sind, wie Christus es haben will, so liegt die Schuld nicht an ihm, der uns helfen will, sondern an uns, die wir seine Hilfe ausschlagen. Wir steifen uns immer darauf, wie durch Adams Fall unsere Natur verderbt ist, aber niemals wollen wir die erneuernde Kraft Christi an uns erproben. Oder wollen wir etwa den, der die Wahrheit ist, der Lüge zeihen, wenn er spricht: „Mein Joch ist sanft und meine Last ist leicht?" Wahrhaft leicht ist, was mit unsrer menschlichen Natur übereinstimmt – und Christus ist eben gekommen, um dieselbe zu dem früheren Zustande ihrer Unschuld zurückzuführen –; wahrhaft leicht ist das, was durch nichts Ungehöriges beschwert, allein das Nötigste enthält. Kommt es jedoch auf unsere Wiedergeburt an, sollen wir den alten Adam ausziehen und den neuen Menschen anziehen...

Comenius

*

Hast du nicht Leib und Seel und Geist mit Gott gemein,
Wie kannst du dann ein Glied im Leibe Jesu sein?

Angelus Silesius

*

Kreuch doch heraus mein Mensch, du steckst in einem Tier,
Wo du darinnen bleibst, kommst du bei Gott nicht für.

Angelus Silesius

*

Du tust wohl, dass du dich auf deine Weise im Gebet übst. Fahre darin fort ohne Unterlass, so kann es nicht fehlen, sondern Gott wird auch an dir seine teure Verheißung wahrmachen: Bittet, so wird euch gegeben. Keine Kunst in der ganzen Welt ist einfältiger und leichter, als recht beten, ja es ist gar keine Kunst; und wenn wir meinen, wir könnten nicht beten, das ist ein Zeichen, dass wir noch nicht recht verstehen, was beten sei. Beten ist, den allgegenwärtigen Gott ansehen und sich von ihm besehen lassen. Was ist nun leichter und einfältiger, als die Augen aufzutun und das Licht anzusehen, welches uns von allen Seiten umgibt! Gott ist uns weit mehr gegenwärtig als das Licht; in ihm leben wir, bewegen uns, und sind wir. Er durchdringt uns; er erfüllt uns; er ist uns näher als wir uns selber sind: dies einfältig zu glauben und sich dessen, so gut man kann, einfältig zu erinnern, das ist Beten.

Gerhard Tersteegen

*

Im Namen dessen, der sich selbst erschuf,
Von Ewigkeit in schaffendem Beruf;
In seinem Namen, der den Glauben schafft,
Vertrauen, Liebe, Tätigkeit und Kraft;
In jenes Namen, der, so oft genannt,
Dem Wesen nach blieb immer unbekannt:

So weit das Ohr, so weit das Auge reicht,
Du findest nur Bekanntes, das ihm gleicht,
Und deines Geistes höchster Feuerflug
Hat schon am Gleichnis, hat am Bild genug;
Es zieht dich an, es reißt dich heiter fort,
Und wo du wandelst, schmückt sich Weg und Ort.
Du zählst nicht mehr, berechnest keine Zeit,
Und jeder Schritt ist Unermesslichkeit.

Goethe

*

Es gibt ein Jenseits, das herein ins Diesseits reicht;
Kein Herz, das davon nicht ein Gefühl beschleicht.
Umschlungen hält es dich. Umrungen und durchdrungen,
Du fühlst, es ist nicht dir, du selbst bist ihm entsprungen.

Du weißt nicht, was es ist, noch hörst du, dass es spricht,
›Lieb‹ ist es und nicht Hass, nicht Finster, sondern Licht.
Es ist das Wirkliche, das Wahrheit in dir wirkt,
Das Unerklärliche, dass Klarheit dich umzirkt.
Du kannst den Mittelpunkt der Seele dir nicht rauben
Und musst dem innern Sinn, wie deinen äußern, glauben.
Siehst du dafür dich um nach Zeugnis der Erfahrung,
So nennst du, was damit einstimmet, Offenbarung.
Nichts wird dir offenbart, wo du nicht offen bist;
Und außen siehst du nichts, was dir nicht innen ist.
Das Äußere dient dir nur, dein Inneres zu entfalten,
Dein Inneres, weiter dann das Äußere gestalten.
Dann siehst du ausgemalt aus deinem Farbenschatze
Dein Jenseits leibhaft als Verklärung oder Fratze.

Friedrich Rückert.

*

O Herr, der du der Quell des Lebens bist,
Du weißt es, was in mir des Lebens ist.
Erleuchte gnädig die Gedanken mir,
Dass ich nicht hege, was da krank in mir,
Und was des Todes wert, das töte ab,
Lass mich es still versenken in ein Grab;
Doch was ein Teil von deinem Ebenbilde,
Lass mich formen in ein rein Gebilde,
In Worte lass, in Weisen es mich fassen,
Dass ich es kann vor Menschen tönen lassen;
Auf dass die Funken, die mein Herz durchsprühn,
In andren zünden und als Flamme glühn,
Dass an der Freudigkeit, die ich gefunden,
Manch Herz zu neuer Frische mag gesunden.
Du, aller Wahrheit, alles Lebens Grund,
Herr, mach mich wahr und freudig und gesund!

Robert Reinick

*

Sieh nicht, was andre tun,
Der andern sind so viel.
Du kommst nur in ein Spiel,
Das nimmermehr wird ruhn.

Geh einfach Gottes Pfad,
Lass nichts sonst Führer sein,
So gehst du recht und grad
Und gingst du ganz allein.

Christian Morgenstern

*

Verhülle mir dein Leuchten nicht,
Du königliches Heimatlicht,
Es gehe, wie es gehe:
Dein Wille nur geschehe!

Ich bitte nicht um Geld und Gut,
Doch bete ich um frohen Mut,
Die Stürme zu bestehen,
Die deinen Pfad umwehen.

Um Ruhm und Ehre bitt ich nicht,
Doch bete ich, du selges Licht,
Um Kindersinn aufs neue
Und echten Dienens Treue.

Ich bitte nicht um eitlen Tand,
Doch bete ich um festen Stand.
Den Boden mir bereite,
Auf dem ich zu dir schreite.

Otto Buchinger

*

Gottes Gnaden-Dreiheit
Friede, Freude, Freiheit
Waltet zu uns nieder.
Drunten hallt es wider...
Christus in uns spricht:
Leben, Liebe, Licht.

Leben, Liebe, Licht.
Christus in uns spricht
Leise diese Worte...
Aus verborgner Pforte
Strömt die Gnaden-Dreiheit
Friede, Freude, Freiheit.

Herbert Fritsche

*

Hier endet die Meditations- und Gebetssammlung der Ausgabe des Großen Holunderbaums von 1939. In der Ausgabe von 1964 sind folgende zusätzlichen Gedichte und Sprüche aufgenommen worden. Ob Herbert Fritsche ebenfalls so entschieden hätte, wissen wir nicht.

Mit einem Heiland kommt etwas großartig die Kausalität links Liegenlassendes in die Welt.

Herbert Fritsche

*

Geist und Leib

Aus Erde stammt der Leib,
Ihm frommt der Zeit-Vertreib.
Vom Himmel kommt der Geist,
Der uns zum Vater weist.

So du den Leib nur schaust
Und nicht dem Geist vertraust,
Hast keine Freude dran,
Bist du ein armer Mann.

Du irrtest nur umher
Und du bist nirgendwer,
Hast du den Geist verkannt
Und bist dem Leib verbannt.

Doch groß ist die Gefahr,
Nimmst du die Lehr‘ nicht wahr:
Es braucht der Geist den Leib,
Damit er tüchtig bleib.

So also Geist und Leib
In Harmonie verbleib‘,
Dass endlich Leib samt Geist
Ins Paradiese reist.

Erich Sopp

Gnosis

Dicht an dem Rand des Bekannten
Flüstern die Unbenannten:
Schließe die Augen und komm!

Hinter dem braunen Gemäuer
Lauern die Abenteuer:
Heldengeschrei und Dromm-Dromm.

Jenseits von dunklen Bezirken
Spürst du heiliges Wirken:
Falte die Hände, sei fromm.

Erich Sopp

*

Vivo

So wandre ich durch Weltennacht
Und horche des Gewissens Schlag;
Hab‘ ich ein Leben lang gewacht,
Mag kommen, was da kommen mag.

Und wenn der letzte Schleier fällt
Von Menschentrug und Menschenwahn,
So ändert dies nicht meine Welt:
Ich ziehe meine stete Bahn.

Und wenn im Stundenglas der Rest
Des Sandes meiner Zeit verfließt,
So halte meine Seele fest,
Die sich in Deinen Strom ergießt.

Und wenn der letzten Sterne Bahn
Beendet ihren Sphärenlauf,
So geht auch das mich wenig an:
Ein neuer Kosmos nimmt mich auf.

Erich Sopp

Johannisnacht

Wenn durch die weit sich verzweigende
Krone der Linde im Wind
Die ein Geheimnis verschweigende
Weltenmusik ihre geigende
Botschaft vom Sommer beginnt,

Wenn aus den flimmernd durchlichteten
Weiten die Weise ertönt,
Dass den der Erde verpflichteten,
Heilig gen Himmel gerichteten
Menschen Unsterblichkeit krönt,

Zieht auf den nebelumwobenen
Hügeln ein Wandrer dahin,
Greift aus dem sternendurchstobenen
All mit beschwörend erhobenen
Händen den ewigen Sinn,

Schickt ihn ins Tal zu den schwebenden
Seelen der Beter und spricht
Leise mit ehrfürchtig bebenden
Lippen die Weisheit der Lebenden:
Freuet euch! Fürchtet euch nicht!

Herbert Fritsche

*

SOMMERSONNENWENDE

Sommersonnenwende
Südlich lau und lind.
Atmendes Gelände...
Über meine Hände
Wandert warm der Wind.

Aus dem dämmerholden
Abendfarbenmeer
Hebt der Mond sich golden.
Die Holunderdolden
Wogen hin und her.

Wo die Sterne thronen,
Wunderweltenweit,
In entrückten Zonen,
Tauschen ihre Kronen
Zeit und Ewigkeit.

Herbert Fritsche

*

KYKLOS

Weiter, weiter geht das Spiel.
Ziel wird Keim und Keim wird Ziel.
Sommer wächst. Die Sonnenwende
Weist den Bogen sanft hinab.
Herber Herbst. Im Wintergrab
Keimt das Licht. Und ohne Ende

Weiter, weiter geht das Spiel.
Stets zu wenig, nie zu viel
Ist dem Gott die Offenbarung
Quer durchs Leben, das er treibt,
Heim zum Tod, der todlos bleibt:
Feld unendlicher Erfahrung.

Was dahinwelkt, sterbensmüd,
Stirbt sich jung. Was zart erblüht,
Weiß bereits den Tod zu minnen.
Ziel wird Keim und Keim wird Ziel.
Weiter, weiter geht das Spiel,
Um zu enden im Beginnen.

Weiter, weiter geht das Spiel.
Ziel wird Keim und Keim wird Ziel.
Weltensommer, Sonnenwende.
Welten welken weiterhin.
Wandlung wartet. Urbeginn.
Endlos denkt sich Gott zu Ende.

Herbert Fritsche

*

Hier endet die Auswahl aus dem 1964 erschienen Band des Holunderbaumes. In der Ausgabe von 1982 sind folgende zusätzlichen Gedichte aus Herbert Fritsches Nachlass aufgenommen worden.

Schechina - Schicksal

Schechina, Selbstverbannte,
Du Glorienschein –:
Dein weit ins Unbekannte
Verwandertsein

Durchkeimt einen jeden
Entsunknen Staub
Mit Licht aus Eden,
Mit Lebenslaub.

Dein Irren, dein Schweifen,
Das durch die Dinge brennt,
Entbrennend ergreifen
Als Sakrament

Ist Menschensendung
Wie nichts im All,
Ist Heimwärtswendung
Und Hüllenfall.

Erst beim Entschleiern
Verklärt sich das Kleid.
Dein Aufleuchten feiern
In Raum und Zeit

Lädt Erdengeschöpfe
Zur Heimkehr ein:
Die tönernen Töpfe
Vergoldet der Wein,

Die Töpfe berauschen
Den Trank der sie füllt,
Wenn heimliches Tauschen
Geheimes enthüllt...

Zum Dienst erlesen
Ist jede Gestalt:
Die Wege der Wesen,
Weltenalt,

Erstreben entwirrend,
Schechina, dich.
Die Gottseele, irrend,
begegnet sich

Aus Staub und Steinen
Von drunten mit Ihm,
Dem siebenfach Einen,
Dem Elohim.

Menschsein entsiegelt
Den Glorienglanz –
Und nun erst spiegelt
Der Gott sich ganz,

Da Lehm aus den Ebenen
Sein Kind ihm weiht
Zur doppelt gegebenen
Anwesenheit.

*

ANKH

Im Himmelbett erweht ein Kind,
Erkürt vom Licht, berührt vom Wind
Aus urgeheimen Reichen.
Die Augen tauchen in den Raum.
Es fällt ein Blatt vom Lebensbaum
Auf seine Stirn: Das Zeichen.

Mein Kind im frühen Schlummer du,
Nun kommst du niemals mehr zur Ruh,
Du bist berufen worden.
Wenn andre wie ein Schatten gehn,
Must du ins Herz der Dinge sehn,
Denn dich erzieht der Orden.

Der Orden, der die Wahren kennt,
Sie mit verschwiegenem Namen nennt
Und ihr Geschick entfaltet,
Bewacht den Pfad, der dich erzieht,
Bis sich ein neues Kettenglied
Bewusst zum Stern gestaltet.

O sternenarme Erdennacht!
Und doch, von Zeit zu Zeit erwacht
Ein Kind in seinen Kissen,
Berührt vom Wind, erkürt vom Licht,
Zu dem das Urwort selber spricht
Aus weltenaltem Wissen.

Der Widersacher, stark und groß,
Tritt an und lässt die Meute los,
Es jauchzen die Dämonen.
Die aber Kinder sind des Lichts,
Verstört auf ihrem Wege nichts,
Sie tragen kleine Kronen.

Ein Märchen nur? Es war einmal...
Die Stunde deiner Gnadenwahl,
Ist sie vergessen worden?
Vielleicht bist du‘s, auf den man zählt.
Noch keiner ward umsonst erwählt
Und ausgesandt vom Orden!

Vielleicht gilt dir dies Lied vom Licht,
Das eine Heimatsprache spricht
Aus urgeheimen Reichen.
Wer fragt, muss in die Irre gehn,
Doch wer bereit ist zu verstehn,
Wird aller Welt zum Zeichen.

*

LÖSE UND BINDE

Löse, Das erste Meisterstück.
Einmal must du beginnen!
Gib die Stunde, ihr Schluchzen und Glück,
Lächelnd von hinnen,
Tausche die Werte und Wesen
Zu immer neuer Gestalt,
Die Wolken lehren dich lesen,
Wie alles ins Formlose wallt.

Doch es ist gut so und weise.
Spiele die Welt dir vorbei.
Zerrinnt in den Händen dir leise
Jegliches, was es auch sei:
Löse! Sei tapfer und lose!
Raffe dich auf zum Beginn!
Das Edle, das Bunte, das Böse,
Alles gib lächelnd dahin.

Was aus Verzicht und Verschwendung
Kostbarster Stunden gedeiht:
Die Bindung, die letzte Vollendung,
Der Stein, der DAS LEBEN verleiht –
Es wird zueinander uns leiten
Und lässt keinen Abschied mehr zu.
All unsere Prüfungen gleiten
Endlich ins ewige Du.

Wegzehrung

Mach's, wie es dir richtig erscheint.
Irr dich und stell dann den Irrtum richtig.
Irr dich noch einmal. Es ist nicht so wichtig,
Was dein Herr Nachbar drüber meint.

Mach's, wie es dich von innen her treibt.
Eigene Wege sind immer beschwerlich.
Kannst du nicht weiter, gesteh es dir ehrlich
Und frage dein Herz, wo sein Zuspruch bleibt.

Was dir heute misslingt, glückt ein andermal.
Alles verzeiht dir die innere Lenkung
Außer dem einen, der Abwärtsschwenkung.
Also: sei niemals banal!

Schaff dir Niveau um dich her.
Irren ist menschlich. Zerbröckeln ist peinlich.
Machs wie du willst. Aber mach es nicht kleinlich.
Kannst du das? Niemand kann mehr.

*

Adventbekenntnis (für Axel v. Fielitz-Coniar)

Ach, Hindu bin ich. Nicht genug durchschaut
Ist Brahmans Traum, ist Mayas Schleier!
Das zweitlos Eine, das von Himavat herniederblaut
Als Hoffnung einer letzten Hoffnungsfeier,
Das Ishvara-Geheimnis, das Befreiung schafft
Im Yoga-Joch der Atma-Einung –:
Wie fern das Ziel, wie schwach die Kraft,
Wie wirr das Wahnbild irdischer Erscheinung!

Dem Buddha folgt mein Pfad, denn nichts als Leid
Gebiert sich aus dem Durst des Lebens:
Es lockt mich fort vom Wirbeltanz der Zeit
Die Hoffnung des erlösenden Entschwebens
Ins Wahnlos-Wahre, das unsäglich ist
Und nur als Nichts für Hirn und Herz erkennbar.
Wann aber endet meines Strebens Frist,
Wann ist die Hütte endlich niederbrennbar?

Bei Zarathustra steh ich in der Schlacht,
Die Licht und Dunkel miteinander schlagen.
Ormuzd ist götterstark und Ahriman voll Macht,
Da darf der in den Kampf Verstrickte fragen,
Wem das zerfetzte Sternen-All
Gehören wird am Ende aller Tage:
Wer steigt zum Thron empor? Wer kommt zu Fall?
O bange Qual, o sorgendunkle Frage!

Ägypter bin ich. Meine Seele schwingt
Im Widerhall der Isis-Klage:
Wann kommst du, der den Gatten wiederbringt,
Dass er wie einst als Herr sein All durchrage?
Wann wirst du, Horus, deines Vaters Ruhm
Im dunklen Land erneuen und verklären?
Du Schleierbild im Sais-Heiligtum,
O schweig's mir zu: Wie lange wird es währen?

Und Israel ist in mir wartend wach.
Ich blicke rückwärts: Eden ging verloren.
Die Welt ward krank und arm und schlecht und schwach.
Noch immer ist Messias ungeboren!
Wer ihn gekommen wähnt, hat keinen Blick
Für Wirklichkeiten, die uns schwarz umkrallen.
Der Fluch blieb wirksam. Unser Trostgeschick
Ist, dass wir einst in Gottes Arme fallen.

Auch bin ich Christ. Die Taufe fügt mich ein
Ins Volk der insgeheim Erlösten.
Doch kann mich Christi Einst-Geborensein
Nicht aus der Trübnis und den Tränen trösten;
Zum Acker voller Leiden bleibt verflucht
Der ewig unvergessene Garten.
Bis uns der Herr zum zweiten Mal besucht,
Heißt unsres Loses Losung: Warten...

Die Gnosis spricht zu mir. Sie weiß
Vom schlimmen Spiel des schwarzen Demiurgen.
Der Gral erglüht. Ein lichter Ritterkreis
Versammelt sich auf weltverborgnen Burgen
Und trinkt aus einem Kelch das Gottesblut,
Der Stirnstein war in Luzifers Geschmeide:
So schwelt geheime Liebesfeuerglut
Durch Ketzerhalden, überhäuft vom Leide.

*

Aus Merlins Munde (für E.K.)

So ist's nun halt. Verkommenheiten,
Die unsern Weg wie Wind begleiten,
Der wochenlang von Westen weht –
Verdeckte, kaum versteckte Süchte,
Der rechte Humus für Gerüchte,
Der Dung fürs Gänseblümchenbeet:

Wir werden dieserhalb getadelt,
Benaserümpft, geliebt, geadelt
Und fallen nicht nur uns zur Last;
Doch stellt man uns vor die Entscheidung,
Ob Mönchstum oder Weinvermeidung,
So wird im Nu Entschluss gefasst.

Auch Mönche sind, bei Gott, vonnöten
Um Leib und Liebe abzutöten,
Und Heil dem Mann, dem das gelingt.
Wir wollen nicht den Selbstbezwingern
Ihr Gottgefälligsein verringern,
Durch das dies Volk den Himmel zwingt,

Nur sind wir selber sehr viel schwächer
Und leben als die linken Schächer
Mit allem, was uns heiß durchflammt.
Wir wissen, dass die irdisch größten
Erhebungen uns Ungelösten
Geweiht sind als geheimes Amt.

Der Stern im Straßenstaub verweigert
Sich keinem Funken, der ihn steigert,
Auch wenn's ein Funken Hölle sei,
Bis beide dann ihr Los erleiden:
Die Last des Fluches macht aus beiden
Zwar Asche – aber Licht wird frei.

Ein Licht, wie's Mönche nie entflammen,
Weil nur, wenn dunkles Blut zusammen
Mit dunkler Glut ins Freie stößt,
Sich oberhalb der Schlackenreste
Entfesseltes beim Fest der Feste
Ins Innerste des Seins erlöst.

Wo die Gesetzesinnehalter
Bemüht sind, das dem Weltgestalter
Nichts als Gewohntes widerfährt,
Blühn freilich Ehrenpreise und Lilien,
Gedeihn, von Plüsch umrahmt, Familien,
Und nirgends gibt es Most, der gärt.

Jedoch der Gottheit fernstes Sehnen
Gilt seit der Schöpfungsstunde denen,
Die weit hinaus ins Dunkel gehn –:
Was wäre denn ihr weites Wandern
Wohl andres, als dem großen Andern
Auch dort noch Nähe zu gestehn,

Wo er sich eisig, ein Verbannter
Und unbekannter Unerkannter
Zerfrösteln müsste ohne Du,
Sänk ihm nicht in gesperrter Meile
Zum Heil der Welt und seinem Heile
das Wagnis unsres Wanderns zu.

Gewiss, wir drangen nicht als Helden
Zum Dunkel hin, um Gott zu melden,
Wir seien Vortrupp seiner Macht:
Wir sanken vielmehr ohne Säumen
Aus unseren Räuschen, unsern Träumen
Und unsern Lastern heim zur Nacht –

Wir sind die allzu eilig Schwachen,
Die sich an jedem Dreck entfachen,
Wir sind der Abfall; doch es fällt
Durch uns hindurch das ungebeugte,
Vom Herrn der Welten selbstgezeugte
Verpflichtungsrecht: Es gilt die Welt!

So nimmt uns denn an jenem Orte
Das Urwort mit Gewalt beim Worte,
Dass Gott nicht nur auch Fernstes mag,
Dass er sogar aus Letzten Erste
Zu machen wünscht – und dass das Schwerste
Die Nacht ist, keineswegs der Tag.

Wir werden uns weit stärker läutern
Bei Whisky, Wein und Bilsenkräutern –
Die Gott durch uns hindurchgenießt –
Als wären wir in Tempelhallen
Zu nichts denn Seinem Wohlgefallen
Auf zehn Gebote aufgespießt.

Wenn endlich wir dies Los bezahlen
Mit Geist- und Psychophysenqualen,
So zahlen wir's dem Schöpfer heim:
Ihm hat es einst, im Licht, gefallen,
Dass ins Ihm Fremde Jene wallen,
Die Sein sind als Sein schwächster Reim.

Und das sind wir! Wir sind die Übung,
Durch die Er Seine Wesenstrübung,
Wie sie sich weltenweit entblößt,
In Schmerzen mit Gewinn durchlichtet.
Was immer Er auch denkt und dichtet,
Das wird – und wären's wir! – erlöst.

*

Ipsissimmus (für P.K. Bartzsch)

Trag deine eigene Welt
Wie der Nomade sein Zelt
Mit Dir auf all deinen Pfaden,
Setz dich dir selber zum Herrn,
Schreib in den wandernden Stern
Wandernd die Spur des Nomaden –

Tanz dich vom tanzenden Ball
Mitten ins eigene All:
Uferlos funkeln die Fernen...
Glüh an der Deinheit des Seins
Dich und die Weiten in eins,
Sternenkind unter den Sternen!

*

Aleister Crowley

Er trägt das Schicksal, Ärgernis zu sein, als läg es
Wie eine Last auf ihm, aus der er Lust befreit.
So treibt er seine Sendung durch die träge Zeit
Auf Kosten aller Frommen gestrigen Gepräges.

Sein Ordensmantel ist bestickt mit Antithesen,
Sein Meisterwort mit Hohn in Gottesgold geätzt – –
Und während rings die Menge vom Verführer schwätzt,
Lässt er den Geistes-Adel seine Sätze lesen:

Gesetze sind es, die die Sterngeburt entfachen
Im dunkelstummen Muttergrunde des Ich-bin –
Gesetze der Befreiung, deren Sinngewinn

Den Eigenweg erschließt: das magische Erwachen,
Im neuen Aeon führt der Höhenweg zum Grale
Durchs blitzlos grollende Gewitter der Skandale.

*

Hier endet die Auswahl der zusätzlich aufgenommenen Gedichte aus dem 1982 im Burgdorf-Verlag erschienen Band Der große Holunderbaum.

Ende

Mehr über Herbert Fritsche und
Neuauflagen seiner Bücher finden
Sie auf den nächsten Seiten

Die Erhöhung der Schlange

Herbert Fritsche – Mysterium, Menschenbild und Mirakel homöopathischer Heilkunst

Herbert Fritsche nennt sein Buch *Die Erhöhung der Schlange* die summa seines Lebens. Und in der Tat, ist es von einer Tiefe, die ihresgleichen sucht. Er selbst sagt darüber: „Das kleine Buch ist mir deshalb wichtig und stets lebendig, weil es Dinge aussagt, die mich aus- und aufsuchten, damit sie ins Leben kommen – und indem es so gewaltige, bislang elternlose Lebendigkeiten sind, *bleiben* sie das auch, nachdem meine Feder behilflich war, hier im Irdischen aufzutauchen und Skandal zu machen." [...] Wahrscheinlich wird es kaum Leser haben, „denen klar ist, welche Mächte sich in den Worten des Textes Asyl suchten."

„Der Reichweite des Simile widmet sich dieses Buch", sagt er auf den ersten Seiten und nimmt uns mit, uns den Kosmos des Simile zu zeigen.

Werner Zachmann
Neuauflage 2011

Herbert Fritsche | Die Erhöhung der Schlange
156 Seiten, Softcover
Preis: 16,80 €

Zu beziehen unter: www.herbert-fritsche.de

Oder im Buchhandel ISBN 978-3-86468-020-5

Zeit der Lilie

Herbert Fritsche – Gedichte

Ende 1947 erschien Herbert Fritsches Gedichtband *Zeit der Lilie* zum ersten Mal. Er beinhaltet Verse, die uns zutiefst anrühren. Mit seinen Zeilen: *Wagnis wider alles Wissen / Um die Werte dieser Welt, / Aus den hundert Hindernissen / Rauschend in den Raum gerissen, / Wo das Warnende zerschellt* – spricht er zu uns von der Zerbrechlichkeit der Welt, die jeder einzelne in sich trägt. Und wenn er fragt: *Wann ist dein Sein das Siegel / Für alles, was geschieht?" –– / Ich frag es in den Spiegel, / Aus dem ein Fremder sieht. / Wird Antwort mir gegeben, / So nicht von jenem dort ... / Wo lebt mein wahres Leben?* zeigt er uns, dass wir Bürger zweier Welten sind.

Die Gedichte jener Jahre, spiegeln sein Erleben, das ihn zu dem hat werden lassen, was in ihm angelegt war. Das wird besonders deutlich in den hier zusätzlich aufgenommenen Gedichten, die allesamt in seiner Umbruchzeit entstanden sind. Sie zeigen seine Ein-Sicht in die scheinbaren Paradoxien, die uns umgeben und die doch erst zusammen das Ganze ergeben, um das es ihm letztlich doch immer ging.

Werner Zachmann
Neuauflage 2012

Herbert Fritsche | Gedichte
108 Seiten, Softcover
Preis: 14,90 €

Zu beziehen unter: www.herbert-fritsche.de

Oder im Buchhandel ISBN 978-3-86468-019-9

WERKVERZEICHNIS des Dr. Herbert Fritsche

Die Glühwürmchen-Barkarole, Gedichte
Die Mitternacht, Berlin 1929
Verschneites Atelier, Gedichte
Die Mitternacht, Berlin 1930
Narrenkalender, Verse
Mann, Berlin 1931
Durch heimliche Türen, Gedichte
Rabenpresse, Berlin 1932
Mandragora, Gedichte
Rabenpresse, Berlin, 1933
Im Dampf der Retorte, Gedichte
Rabenpresse, Berlin 1934
Kleines Lehrbuch der weißen Magie
Neubert, Prag 1934
August Strindberg, Gustav Meyrink, Kurt Aram
Neubert, Prag 1934
Vissy Bdelost (Höheres Wachsein – nur in tschechisch)
Neubert, Prag 1935
Iatrosophia, Metabiologische Heilung und Selbstheilung.
Hummel Verlag, Leipzig 1937
Die Stadt in der Phiole und andere phantastische Erzählungen
Hummel Verlag, Leipzig 1937
Pan vor den Toren
Rabenpresse, Berlin 1938
Die Atem-Schule, Richtig atmen – besser leben.
Rudolphsche Verlagsbuchhandlung, Dresden 1938
Der große Holunderbaum, Eine Einführung in die Esoterik.
Hummel Verlag, Leipzig 1939
Der Erstgeborene, Ein Bild des Menschen.
S. Fischer Verlag (vorm. P. Suhrkamp), Berlin 1940;
Klett Verlag, Stuttgart 1953
Tierseele und Schöpfungsgeheimnis
Rupert Verlag, Leipzig 1940
Klett Verlag, Stuttgart 1952

Die Weisheit des Maharshi
Hummel Verlag, Leipzig 1940
Die Beherrschung des Sonnengeflechts
Rudolphsche Verlagsbuchhandlung, Dresden 1940
Schutz gegen Dunkelkräfte
Rudolphsche Verlagsbuchhandlung, Dresden 1940
August Strindbergs Erweckung durch Emanuel Swedenborg
Hummel Verlag Leipzig o.J.
Paracelsus als Richter
Spiegel, Freiburg im Breisgau 1941
Hahnemann, Die Idee der Homöopathie
S. Fischer Verlag, Berlin 1944
Samuel Hahnemann, Idee und Wirklichkeit der Homöopathie
Klett-Verlag, Stuttgart 1954
Pyrmont, Aus der Gnadengeschichte einer Stätte.
Verlag Friedrich, Bad Pyrmont 1946
Christliche Heilkunst
Verlag Friedrich, Bad Pyrmont 1946
Vom Werdeziel unseres Weltentags
Verlag Friedrich, Bad Pyrmont 1947
Zeit der Lilie, Gedichte
Wegner Verlag, Hamburg 1947
Sinn und Geheimnis des Jahreslaufs
Rauch Verlag, Bad Salzig/Boppard 1949;
Samen des Morgenlichts, 4 Gedichte für Aleister Crowley.
Eremitenpresse, Frankfurt am Main 1950
Das Rätsel des Menschen, Carl du Prel, Eingeleitet von HF
Glock Verlag Verlag 1950
Löwit Verlag, Wiesbaden
Erlösung durch die Schlange
Klett Verlag, Stuttgart 1953
Die unbekannten Gesundheiten
L. Cranach-Verlag, München 1957

Darüber hinaus hat er Hunderte von Artikeln, zum Teil größeren Umfangs veröffentlicht. Die Zahl seiner erfassten und vorhandenen Gedichte liegt bei weit über 400.

Von ihm herausgegebene Zeitschriften:

Der Taugenichts, Blätter eines kleinen Kreises
Die Mitternacht, Berlin 1930 - 1931
Die Säule, Zeitschrift für Grenzwissenschaften und Schicksalsgestaltung
Hummel Verlag, Leipzig 1938 - 1941
Merlin, Schriftenreihe für Grenzwissenschaften und Schicksalskunde
Axel Springer, Hamburg 1948 - 1949

*

Herbert Fritsches Dissertation, Berlin 1936
Beiträge zur Oekologie der Land-Isopoden Groß-Berlins

*

Nach seinem Tode erschienen:

Der große Holunderbaum, Eine Einführung in die Esoterik
Osiris, Kettig 1964
Burgdorf, Göttingen 1982
Narrenkalender, Verse von Herbert Fritsche
Gilbert Edition, New York 1967
Die Vaganten, Gedichte von Herbert Fritsche
Schönherr, Berlin 1967
Briefe an Freunde 1931–1959, Herausgeber Ernst Klett.
Klett Verlag, Stuttgart 1970
Am Saum des großen Vorhangs, Gedichte von Herbert Fritsche
Athanor, Berlin 1978
Samuel Hahnemann, Idee und Wirklichkeit der Homöopathie
Burgdorf, Göttingen 1982
Die unbekannten Gesundheiten
Burgdorf, Göttingen 1983
Die Erhöhung der Schlange
Burgdorf, Göttingen 1983

Der Erstgeborene, Ein Bild des Menschen.
Burgdorf, Göttingen 1984
Sinn und Geheimnis des Jahreslaufs
Burgdorf, Göttingen 1983
Das Rätsel des Menschen, Carl du Prel, Eingeleitet von HF
Hesse & Becker, 1986
Iatrosophia, Metabiologische Heilung und Selbstheilung.
Bauer Verlag, Freiburg 1962
Burgdorf, Göttingen 1989
Pan vor den Toren
Burgdorf, Göttingen 1989
Kleines Lehrbuch der weißen Magie
Burgdorf, Göttingen 1989
Baum der Käuze, Gedichte, Briefe, Aufsätze.
Hrsg. von Hansjörg Viesel, Corvinus Presse, Berlin 1991

Und anlässlich seines 100. Geburtstags am 14. Juni 2011 erschien endlich seine lang erwartete Biographie:

Metaphysik des Scheiterns,
Leben und Werk des Grenzgängers Herbert Fritsche, Salem 2011
Nur zu beziehen unter: www.herbert-fritsche.de